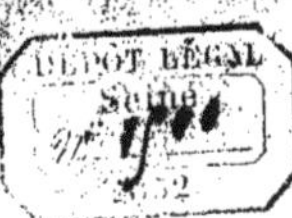

L'ART

DE

composer et d'exécuter

LA

Musique légère:

Quadrille, Valse, Polka, Polka Mazurka, Redowa, Schottisch, Sicilienne,

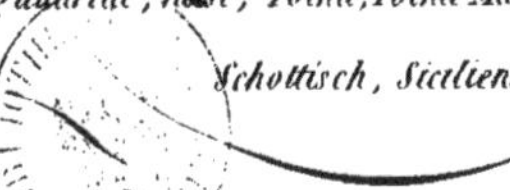

PAR

G. MARCAILHOU.

Prix: 20f

A.V.

PARIS, au BUREAU CENTRAL de Musique,
8, Rue Favart.
Milan, Ricordi   Londres,   Mayence, B. Schott.

AVANT-PROPOS.

En écrivant l'ouvrage que je présente au public, j'espère rendre des services à ceux, qui exécutent, comme à ceux qui composent la musique de danse au piano. On ne trouve nulle part des conseils, pour ce genre de musique, l'amateur n'est guidé que par quelques modèles plus ou moins bien choisis, et lorsqu'il veut composer soit une Valse, soit une Polka, il n'en connait ni les proportions ni les qualités rhythmiques c'est donc une lacune que je viens remplir et un service que je rends aux compositeurs de musique légère.

La musique de danse exige un style approprié à sa nature; la mesure doit y être rigoureusement observée, c'est à dire nette, précise, les nuances qui ressortent du rallentissement de la phrase y sont impossibles, elles troubleraient la régularité du mouvement.

Pour bien faire valser, ou danser, en général, l'on doit employer les oppositions de sonorité qui portent, tantôt sur deux mesures, tantôt sur quatre, et tantôt sur la période entière: on n'obtient ces oppositions qui donnent de l'animation à la danse que par l'emploi de la grande pédale.

Je vais donner un Exemple de valse pour bien faire comprendre l'utilité des oppositions de sonorité.

OPPOSITIONS DE SONORITÉ.

Ex:

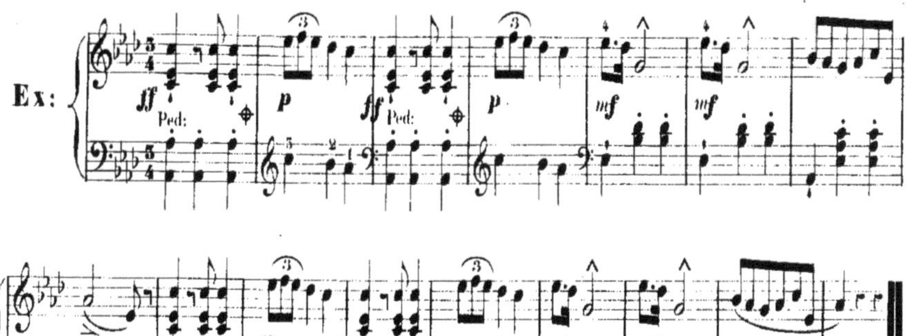

ANALYSE.

L'on comprend par cet exemple de valse que les oppositions de sonorité y marchent, de mesure en mesure, que le mezzo forte se soutient, pendant les 4 mesures suivantes, c'est à dire sur la 5e 6e 7e et 8e ces oppositions produisent toujours de l'effet, et donnent, beaucoup d'entrain à la valse.

L'exécutant doit donner toute son attention à l'accentuation des temps forts de la mesure, c'est par là que pêchent toutes les femmes du monde qui jouent la musique de danse; la mesure est indécise, parceque les temps forts sont mal attaqués

Je vais donner un exemple pour bien faire sentir à l'exécutant l'importance du temps fort de la mesure, et la nécessité absolue de le marquer toujours nettement.

ACCENTUATION DU TEMPS FORT.

Ex:

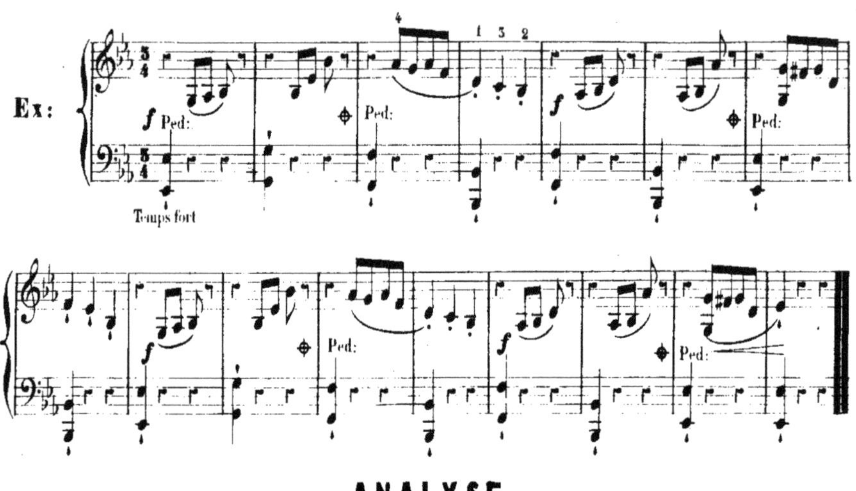

ANALYSE.

Dans cette période de valse, le dessin de la main droite met bien en relief le temps fort de la mesure, l'exécutant est presque malgré lui forcé, de l'accentuer et de rendre cette période valsante.

J'ai écrit quelques exercices de rhythmedifférent pour développer la force d'attaque sur le temps fort de la mesure. On fera bien de les travailler lentement afin de développer la force de la main gauche.

OBSERVATION.

Pour donner de la force au 5e doigt de la main gauche dans l'attaque des temps forts, il faut qu'il soit bien tendu, et non raidi et que l'attaque vienne de l'avant bras et non du poignet qui la rendrait molle, et sans portée; la condition que je signale est des plus importantes pour donner de la force à la main gauche.

DE L'EMPLOI DE LA GRANDE PÉDALE.

L'usage de la grande pédale est un des grands moyens employés pour obtenir une grande puissance de son, mais il y a aussi un grave inconvénient à s'en servir sans discernement. J'ai entendu souvent des pianistes amateurs, ne jamais la quitter; ils produisaient alors un effroyable tapage, et une horrible confusion de sons. Pour éviter ce grave défaut, il suffit d'observer un seul principe fort simple, il consiste à lever la pédale toutes les fois que l'HARMONIE change. Quelques exercices écrits dans ce but rendront je pense son usage facile.

OBSERVATION.

Il faut faire coincider l'emploi de la grande pédale avec le temps fort, autant que cela est possible.

HARMONIE CHANGEANT CHAQUE DEUX MESURES.

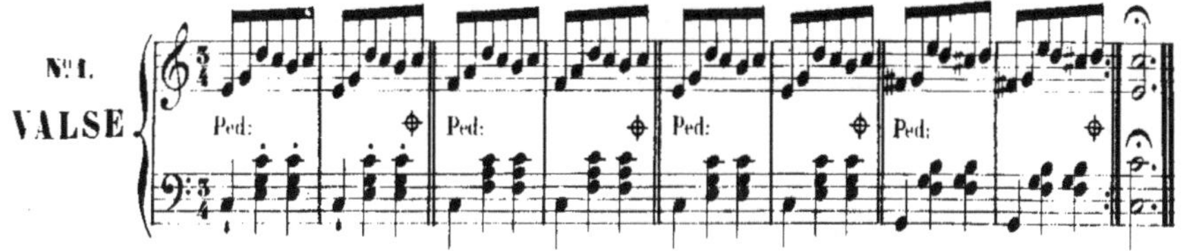

HARMONIE CHANGEANT A CHAQUE MESURE.

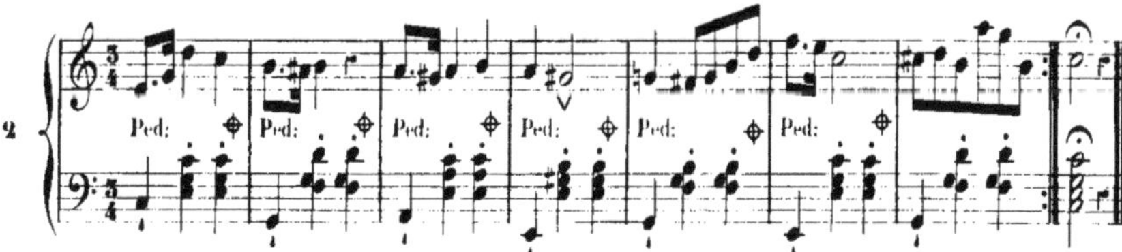

HARMONIE CHANGEANT DANS LA MÊME MESURE.

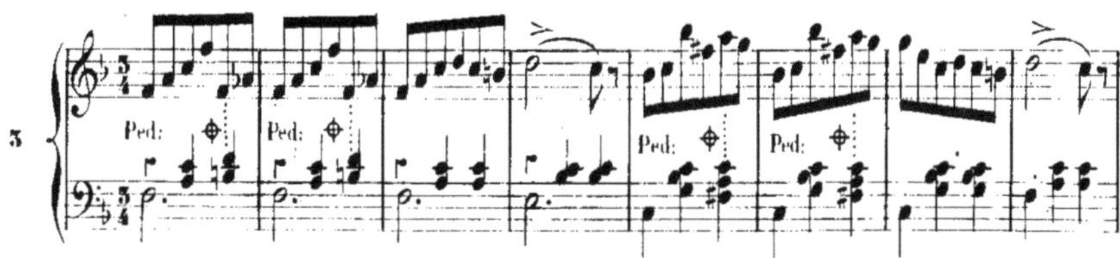

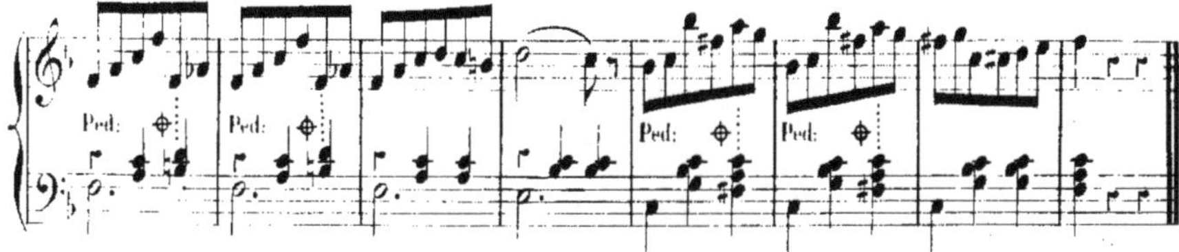

HARMONIE CHANGEANT CHAQUE DEUX MESURES

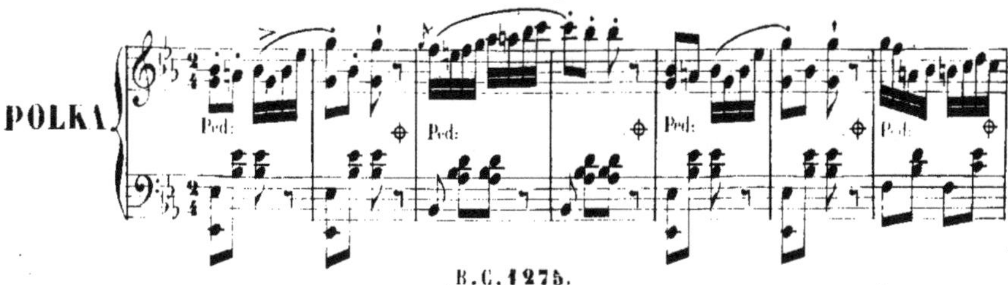

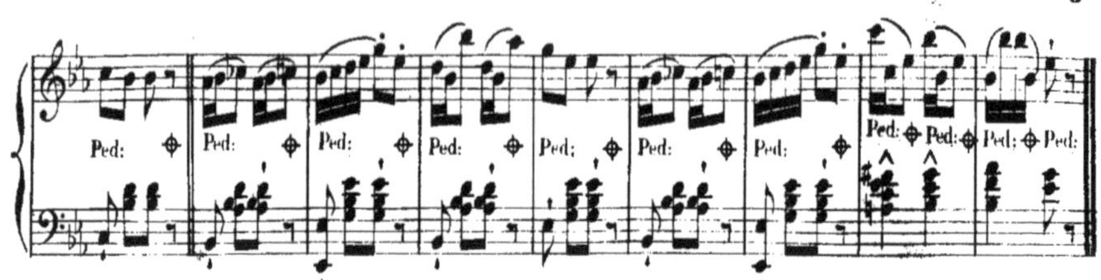

EXERCICES RHYTHMIQUES.

Il faut répéter **20** fois chaque exercice, et se servir de la grande pédale, dans tous ces exercices: elle est tenue et levée chaque deux mesures.

(Repos)

1

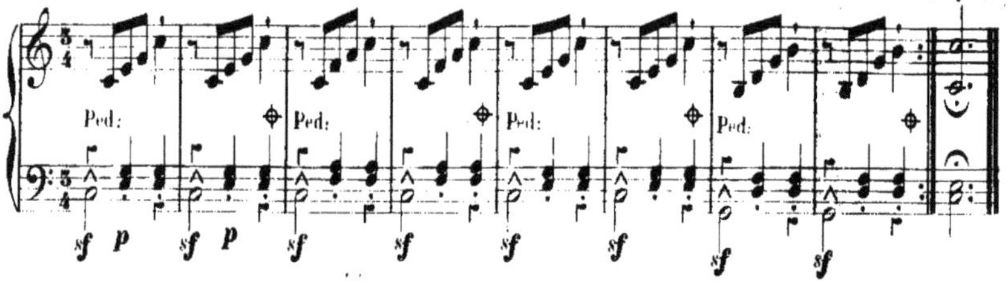

Ped: Ped: Ped: Ped:

sf p sf p sf sf sf sf sf sf

2

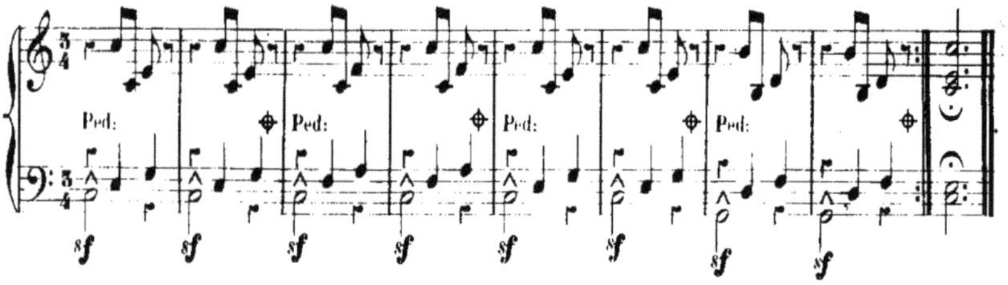

Ped: Ped: Ped: Ped:

sf sf sf sf sf sf sf sf

3

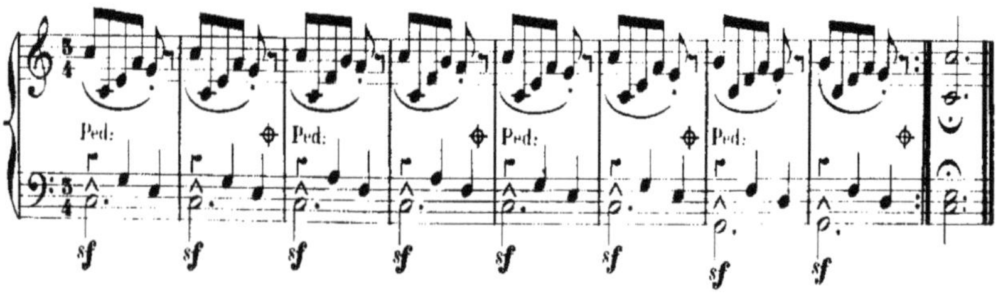

Ped: Ped: Ped: Ped:

sf sf sf sf sf sf sf sf

4

Ped: Ped: Ped: Ped:

sf sf sf sf sf sf sf sf

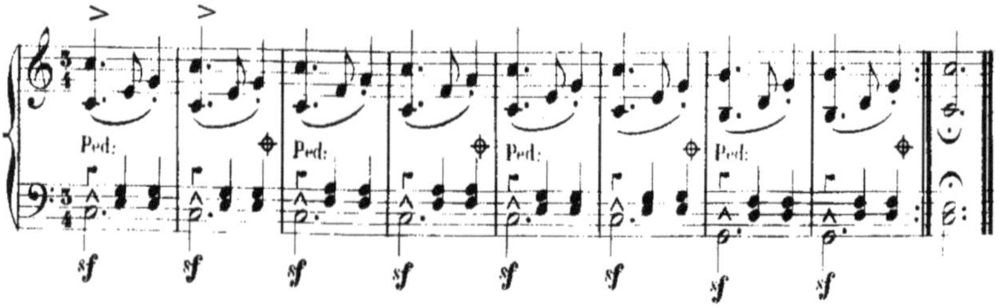

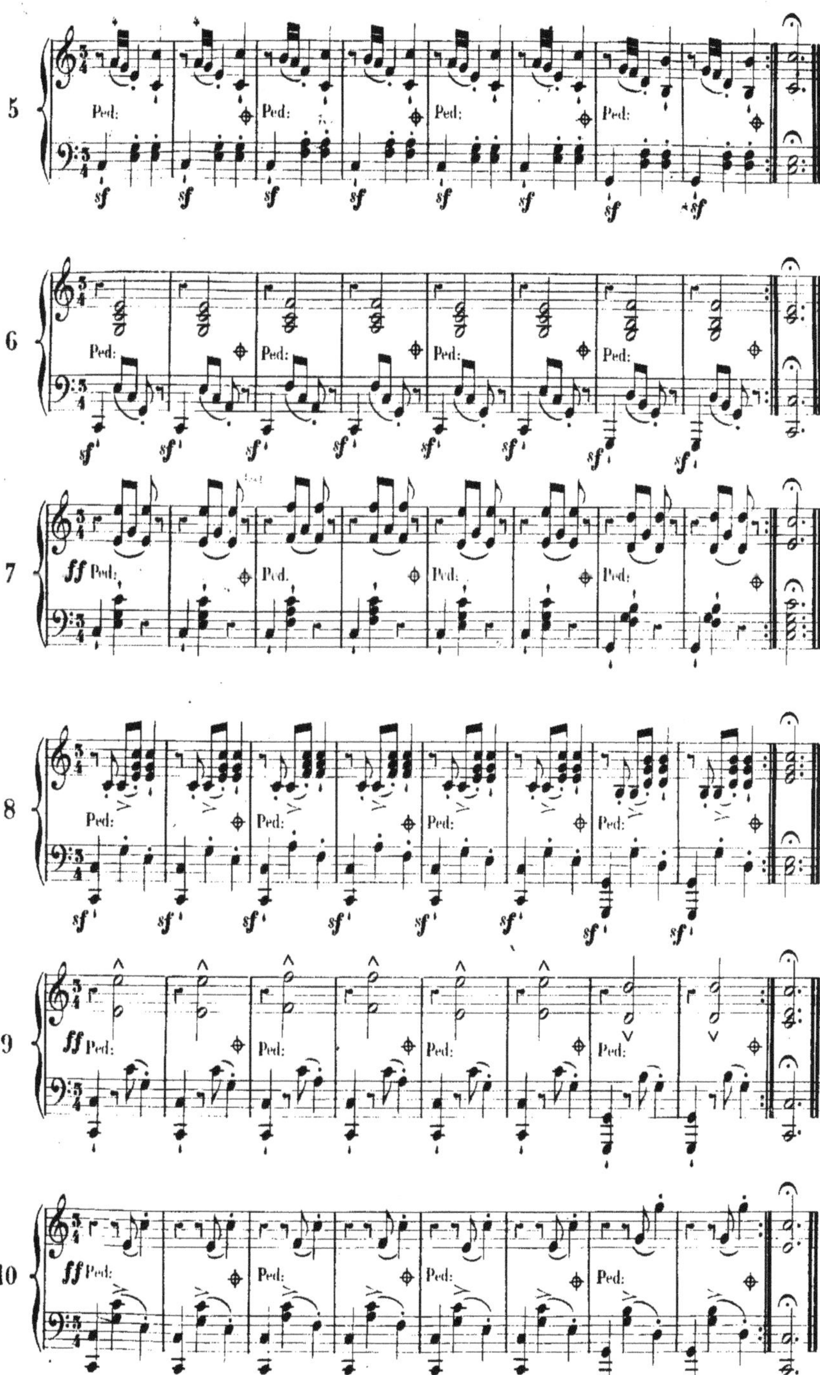
5
Ped:
sf
6
Ped:
sf
7
ff Ped:
8
Ped:
sf
9
ff Ped:
10
ff Ped:

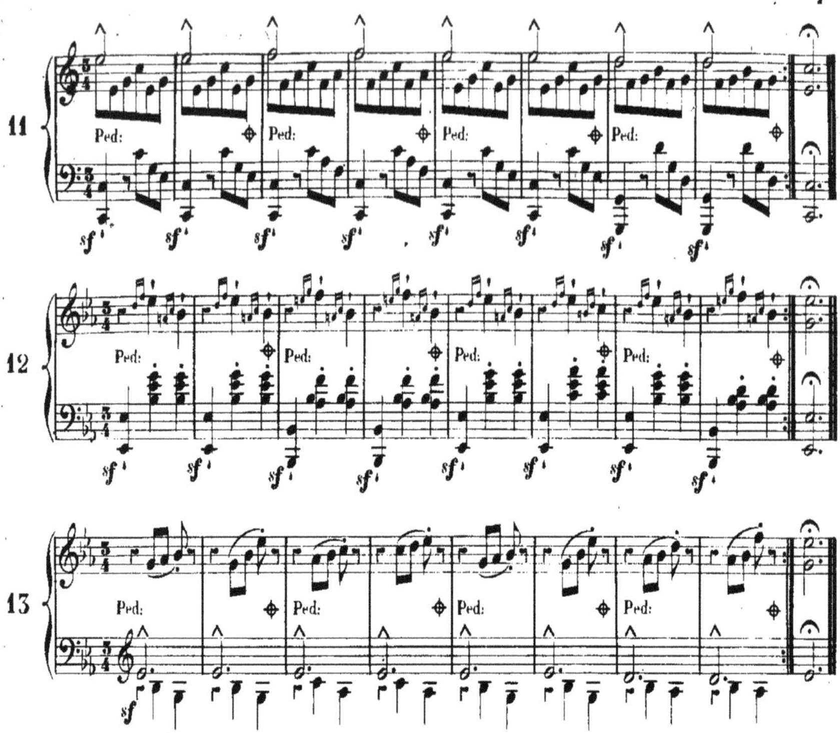

Une grande difficulté existe au piano, lorsqu'on attaque des octaves à la main gauche, elle consiste a donner de la simultaneité au deux doigts qui frappent l'octave, c'est à dire au 5e et au pouce de la main gauche; la main est toujours entrainée du côté du pouce, et l'octave, au lieu de frapper avec la même force dans la 5e et le pouce, l'exécute en arpège: il en résulte de la faiblesse dans l'octave, le son obtenu, est moins fort, l'octave est en un mot, boiteuse, le temps fort qui est souvent attaqué en octave est faible, ce qui nuit beaucoup à la précision, et à l'entrain du rhythme; j'ai écrit quelques exercices destinés à donner cette simultanéité dans l'octave; il est à remarquer que l'octave doit venir de l'avant bras et non du poignet, lorsque l'on veut qu'elle soit vigoureuse.

EXERCICES DE SIMULTANÉITÉ.

DANS L'OCTAVE.

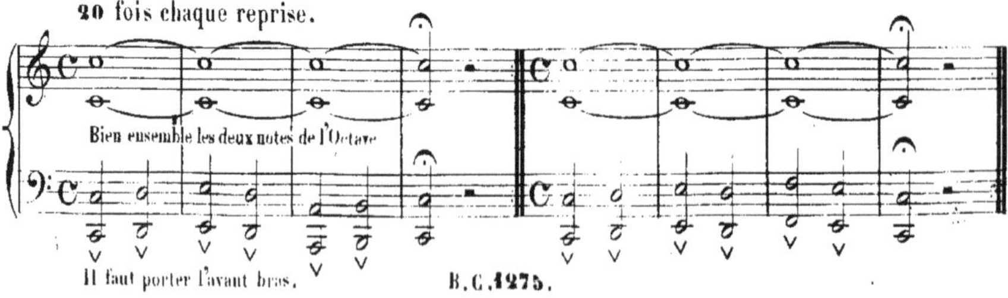

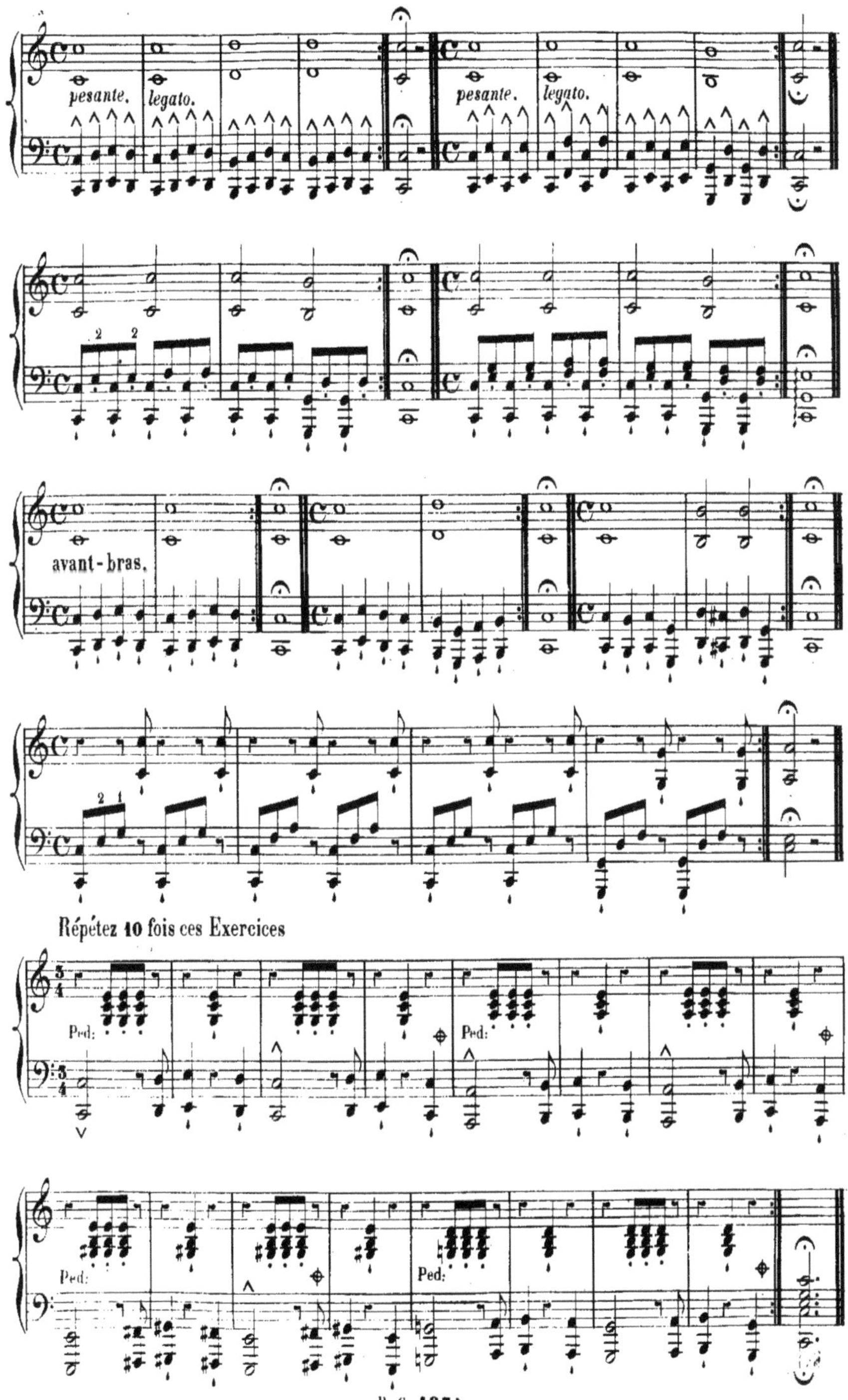
pesante.
legato.
pesante.
legato.
2
2
avant-bras.
2
1
Répétez 10 fois ces Exercices
Ped:
Ped:
Ped:
Ped:

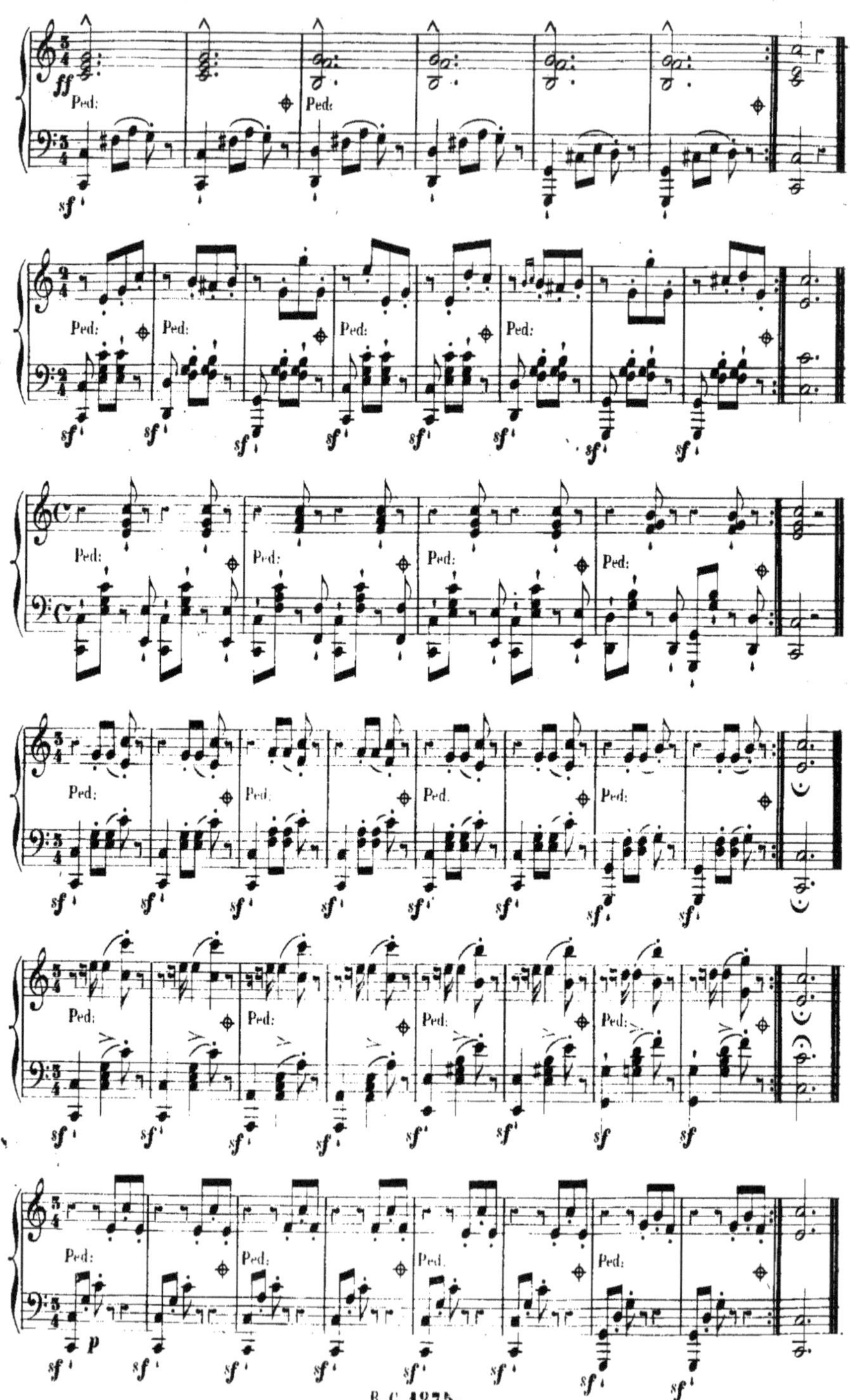
ff
Ped:
sf
p

DU MOUVEMENT RÉEL.

1.er DE LA VALSE	76 = 𝅗𝅥.	Métr:	5.e DE LA RÉDOWA	92 = ♩
2.e DE LA POLKA	88 = ♩		6.e DE LA POLKA-MAZURKA	100 = ♩
3.e DU QUADRILLE			7.e DE LA SCHOTISCH	80 = ♩
4.e DE LA MAZURKA	100 = ♩		8.e DE LA SICILIENNE	138 = ♩.

Un véritable embarras existe pour l'amateur, lorsqu'il veut trouver le véritable mouvement des diverses espèces de danse énoncés ci-dessus; pour détruire toute incertitude à ce sujet, j'ai pris chez M.rs LABORDE, CÉLARIUS et GAUWLIKOUSKI célèbres professeurs de danse à Paris, le mouvement adopté dans leurs cours.

LA VALSE.

La valse est à mon avis, la plus gracieuse de toutes ces diverses danses: son mouvement est (76 = 𝅗𝅥.)

L'ancienne valse Allemande, celle qui tourne et ne court pas comme la valse à deux temps, est plus lente, et demande peu d'espace: son mouvement est (76 = 𝅗𝅥.)

La valse à deux temps, la moins gracieuse, est une monstruosité dans le sens de la mesure, par la raison fort simple, qu'elle est un défi jeté à la musique.

La valse musicalement parlant, se compose de trois temps; de sorte que la valse à deux temps n'est en mesure, qu'à chaque deux mesures, par la raison fort simple, qu'on ne peut valser à deux temps lorsque le piano, ou l'orchestre en marquent trois: c'est à mon avis un tour de force; on à l'air de courir, et non de valser; on décrit des zigzag au lieu de dessiner les gracieuses courbes. Laissons cette valse aux excentriques.

Il faudrait, pour rendre cette valse un peu tolérable, un rhythme binaire, haché; en voici un exemple dans cette période.

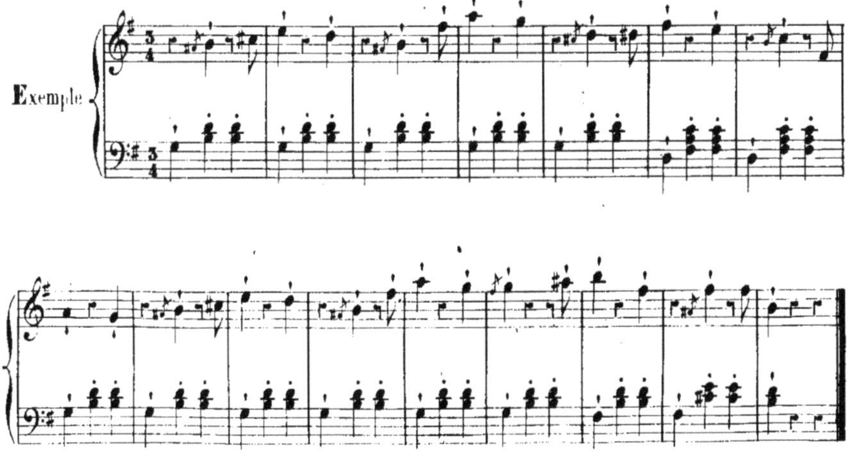

POLKA.

Le mouvement de la Polka est plus modéré que celui de la valse, la Polka est un 2/4 dont le rhythme est franc et gracieux, il porte au métronome (88 = ♩)

Celui qui exécute une Polka doit donner toute son attention au rhythme de cette danse et le marquer à la main gauche par trois croches, ou leur valeur. Quelques fois, l'auteur en écrit quatre pour donner plus de variété à la basse, mais celui qui en exécutant, marquera bien les deux temps de la mesure, le temps fort et le temps faible, fera bien polker.

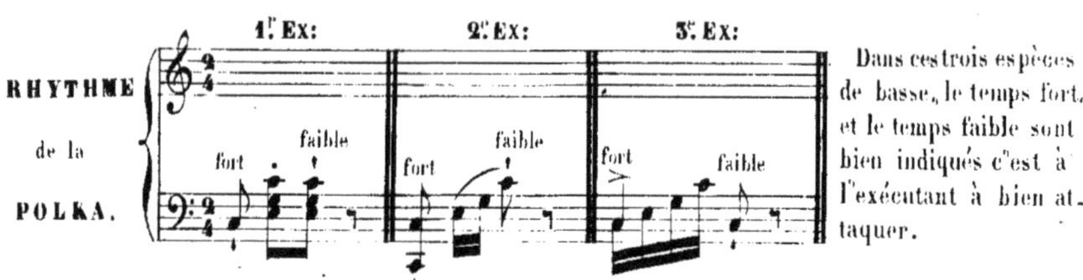

Dans ces trois espèces de basse, le temps fort, et le temps faible sont bien indiqués c'est à l'exécutant à bien attaquer.

MAZURKA.

La Mazurka est plus lente que la valse, elle est gracieuse et possède un rhythme particulier qui consiste à marquer souvent le deuxième temps de la mesure, la période se termine aussi sur le 2.e temps; il faut que l'exécutant tienne grand compte de cette particularité rhythmique qui est la conséquence du pas chorégraphique.

EXEMPLE.

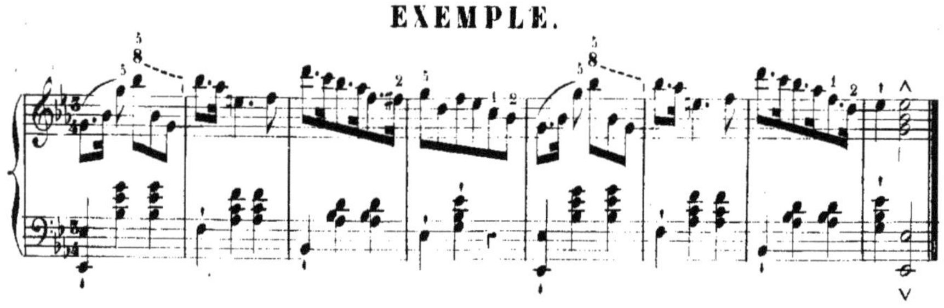

Le mouvement est Moderato. l'exécutant doit donner une attention particulière au temps fort et au deuxième temps; son mouvement au métronome est (100 = ♩)

LA SCHOTISCH.

La Schotisch est une sœur de la polka; on la danse cependant, plus lentement, son mouvement est (80 = ♩)

Son caractère rhythmique est binaire, c'est-à-dire, que le pas, change de nature, chaque 2 mesures: une mélodie de danse indiquant bien, cette succession sera dansante.

Le quatrième temps de la mesure doit être bien marqué, soit à la main droite, soit à la main gauche, sous peine de laisser en l'air, le danseur de schotisch; voici un exemple ou la musique remplit ces conditions.

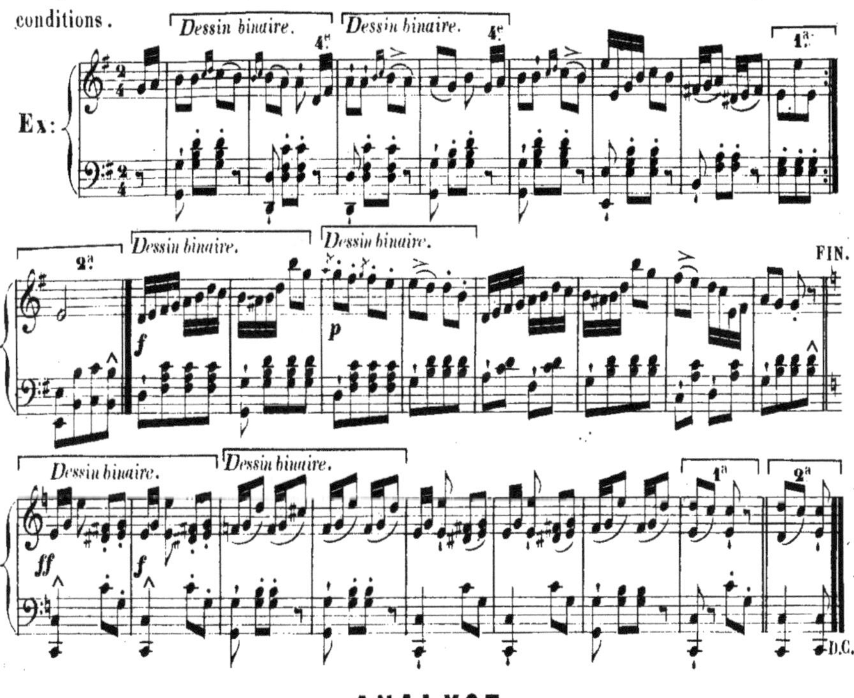

ANALYSE.

En analysant cet exemple de schotisch., il est facile de voir, que le dessin marche souvent de deux en deux mesures: que de plus, le quatrième temps de la mesure n'est jamais laissé à vide, qu'il frappe toujours, ou à la main droite, ou à la main gauche.

REDOWA.

La Rédowa est une danse à trois temps, l'exécutant devra bien marquer le troisième temps, il faudra une mélodie bien approprié à ce genre de danse. On en trouve fort peu de bien composées; voici un exemple qui présente naturellement et sans que la mélodie en soit tourmentée, l'accentuation du troisième temps. Son mouvement est Moderato., c'est la plus lente de toutes nos danses exotiques., elle porte au métronome (92 = ♩)

EXEKPLE.

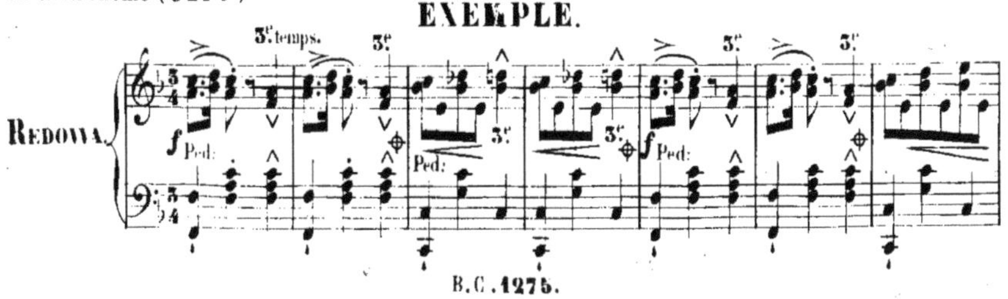

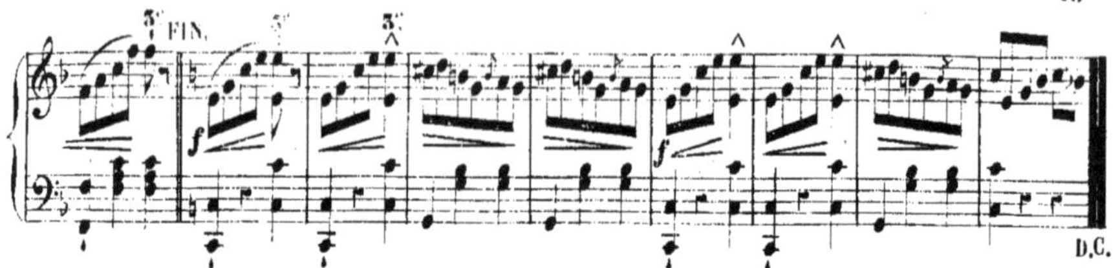

L'on peut se convaincre facilement, en analysant cette Rédowa, que l'exécutant sera à son aise pour bien marquer le troisième temps.

QUADRILLE

Le quadrille est composé de cinq figures ayant chacune un caractère que doit bien conserver celui qui exécute. On les nomme **1er PANTALON**, **2e ÉTÉ**, **3e POULE**, **4e PASTOURELLE** ou **TRÉNIS**, **5e FINAL**.

Le Pantalon s'écrit à 6/8, rarement à 2/4. Il doit être brillant, impétueux, plein, de verve et d'entrain. son mouvement est **(116 ♩.)**

Voici une période de pantalon où se trouvent réunies toutes les qualités que je viens d'énoncer.

Ex:

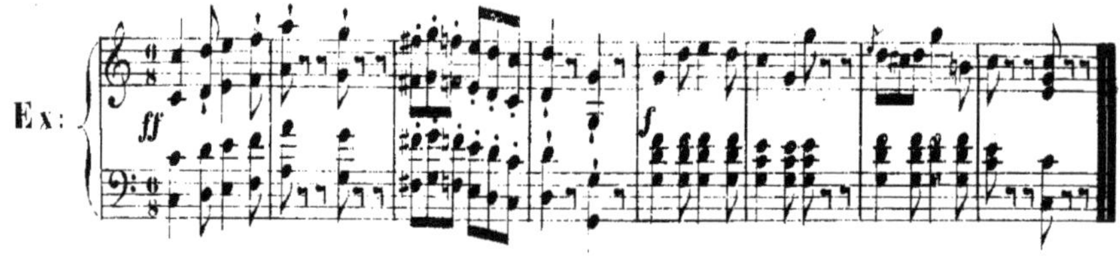

ÉTÉ.

L'été s'écrit a 2/4 souvent, et se joue plus lentement que le pantalon; voici son mouvement: **(104 ♩)**

POULE.

La Poule a un caractère berceur; la phrase doit être ondulée, on l'écrit toujours à 6/8, et se joue: **(104 ♩.)**

PASTOURELLE.

La Pastourelle, ou la Trénis sont d'un mouvement plus vif que celui de la Poule. Elle se joue: **(100 ♩.)**

FINAL.

Le Final doit avoir de l'entrain; il est permis d'en presser la mesure, sans cependant faire courir les danseurs: son mouvement est: **(116 ♩)**

LA SICILIENNE.

La Sicilienne comme son nom l'indique, est une danse Napolitaine, elle est vive et s'écrit a 6/8 il faut bien marquer les deux temps de la mesure et faire sentir la succession mélodique, de deux en deux mesures, parceque le pas change aussi, chaque deux mesures.

Ex:

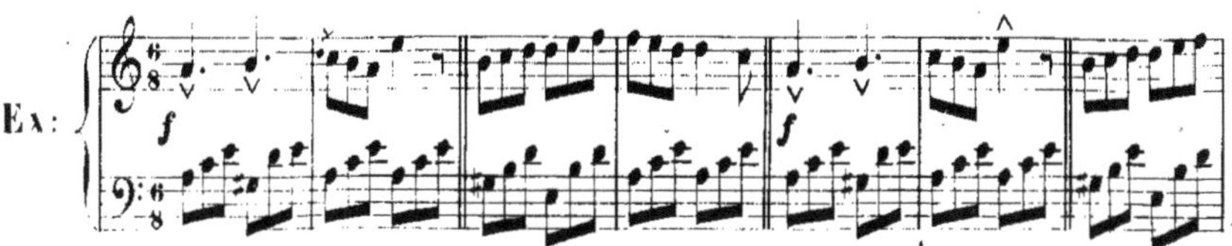

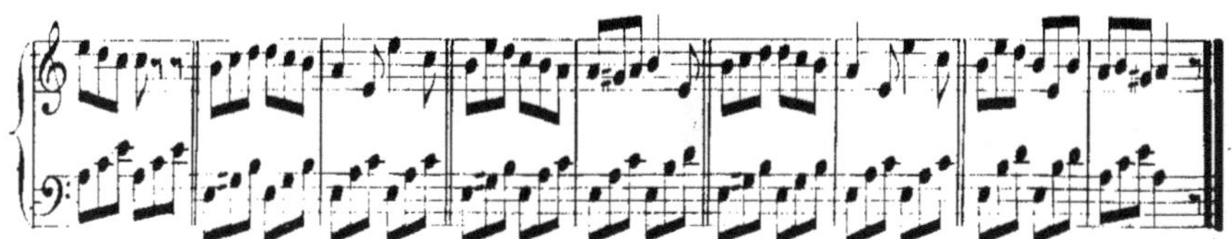

Cette période est divisible par deux, c'est à l'exécutant à le faire sentir, son mouvement est (144 ♩.)
La basse doit être très mouvementée, car la Sicilienne est une danse très animée.

L'ART DE COMPOSER

LA VALSE, LE QUADRILLE, LA POLKA, LA MAZURKA, LA POLKA MAZURKA, LA REDOWA, LA SCHOTISCH ET LA SICILIENNE.

L'art de composer la Musique de Danse, présente plus de difficultées qu'on ne le pense généralement; savoir trouver des mélodies, bien rhythmées, bien appropriés a la nature des diverses espèces de danse, est presque un talent. Beaucoup essayent, fort peu arrivent au succés.

Signalons les qualités que doit avoir la musique de danse:

1º Elle doit être facile, mais brillante, par la raison fort simple, que ce genre de musique ne s'adresse qu'aux gens du monde.

2º Le rhythme approprié a telle espèce de danse, doit être rigoureusement observé, celui de la Polka diffère de celui de la Schotisch.

3º Le compositeur cherchera les effets sonores; car ce genre de musique, a à lutter, contre les causeries inévitables du salon.

4º La période Musicale, devra être nette, avoir surtout une grande clarté rhythmique, pourqu'elle soit facilement comprise du danseur.

DÉFINITION ET ANALYSE

DE LA PÉRIODE MUSICALE.

On nomme une période musicale, la succession, de huit ou seize mesures, quelques fois de trente-deux, mais rarement; et toujours en nombre pair.

Ex:

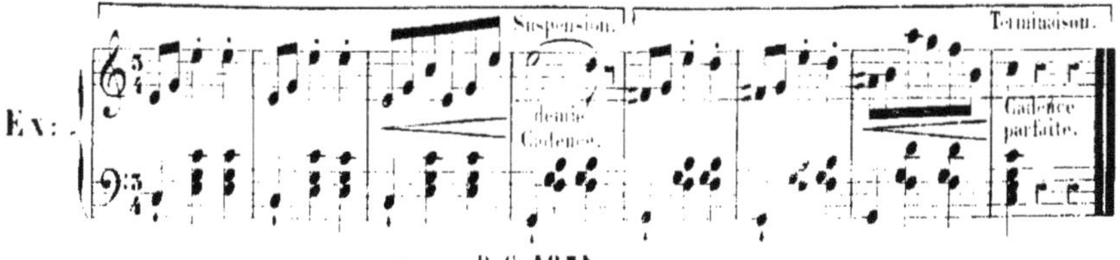

Cette période musicale de huit mesures analysée au point de vue du rhythme, se divise en deux parties semblables, de quatre mesures; de sorte, que cette période peut se diviser en deux demi périodes, la première suspensive et la dernière terminative, ou continuative; je veux dire, que le sens mélodique n'est que suspendu à la quatrième mesure, et terminé à la huitième mesure. C'est la virgule et le point, dans le langage harmonique; cela se nomme, demi cadence et cadence parfaite, du mot latin, *cadere tomber*.

Si nous analysons les éléments rhythmiques qui constituent cette courte période, nous trouverons, qu'elle contient deux dessins qui, en se répétant, constituent la période entière.

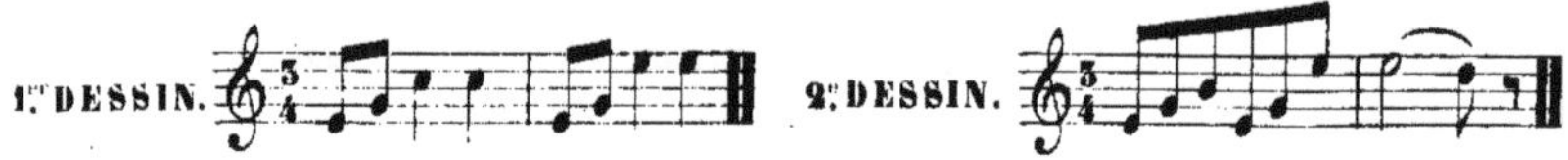

La période doit dans la valse, se terminer sur le temps fort: cette règle est inviolable.

Lorsque la période est de seize mesures, elle se décompose en une demi période de huit qui se répétant deux fois, constitue la période de seize.

EXEMPLE D'UNE PÉRIODE DE SEIZE.

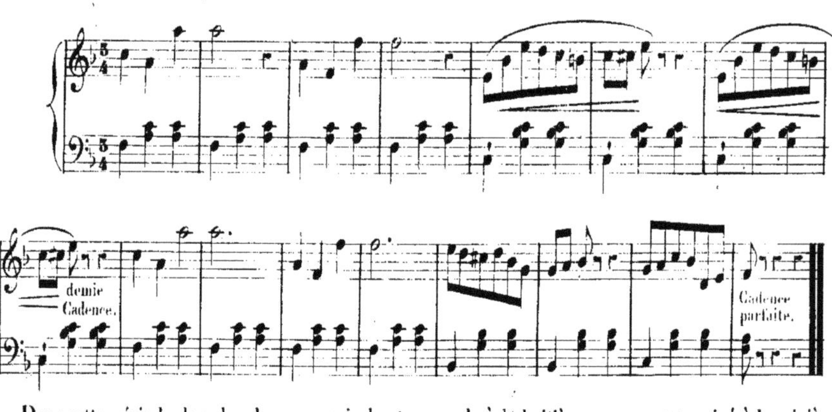

Dans cette période de valse, le sens musical est suspendu à la huitième mesure et terminé à la seizième; il y a demi-cadence et cadence parfaite.

Cette période renferme deux dessins qui marchent symétriquement de quatre en quatre mesures.

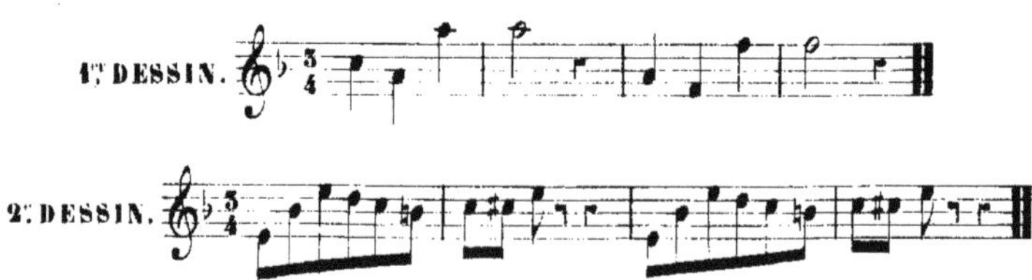

Pour donner plus de variété à la période, l'on évite la conclusion, ou cadence parfaite, cela se pratique très souvent, mais ici, le caprice et le goût du compositeur, sont les seules règles. Je vais donner cette même période que je viens d'analyser, avec une cadence rompue.

Ex:

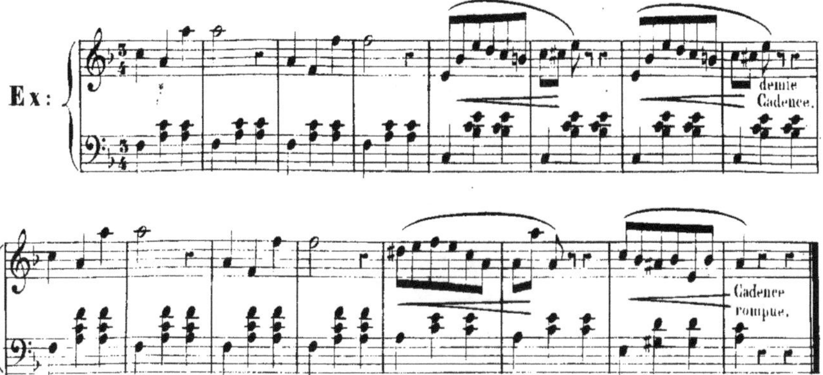

Je ne puis analyser cette période au point de vue harmonique, ce n'est pas le but de mon ouvrage. Sous peu, je publierai un traité d'harmonie spécial, renfermant toutes les notions nécessaires au compositeur de musique légère; je conseille en attendant, d'étudier celui de REICHA ou celui plus élémentaire de H. LEMOINE.

CONCLUSION.

Il résulte des quelques lignes qui précèdent, que la période musicale peut être définie; une succession de mesures, au nombre de seize ou de huit, quelques fois plus, mais rarement; que cette période renferme toujours un dessin qui doit se reproduire symétriquement; que la période est divisible en deux, ce qui amène une demi cadence et une cadence parfaite, ou une cadence rompue; que souvent, pour donner plus de variété a la composition, l'on évite la cadence parfaite à la fin de la période pour en commencer une deuxième qui aura alors une cadence parfaite et sera la terminaison des deux périodes; que la clarté et la carrure de la période sont des qualités indispensables à ce genre de composition.

Je vais donner encore un exemple d'une période de Polka.

Ex:

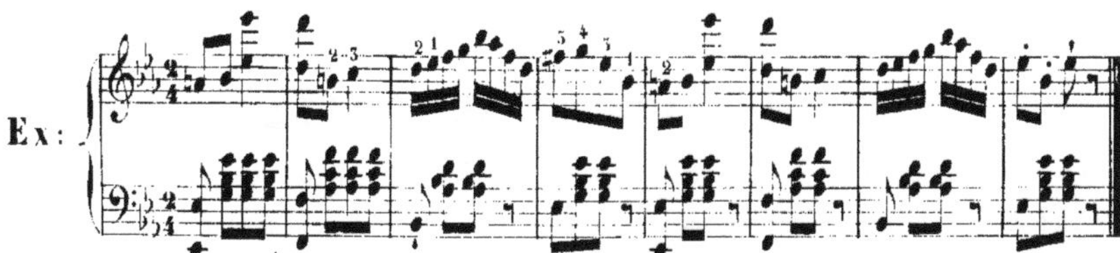

Cette période de Polka est divisible par deux, c'est-à-dire, que le sens mélodique est suspendu à la quatrième mesure et terminé à la huitième.

Elle renferme deux dessins qui se répètent symétriquement, c'est-à-dire, que la première mesure se répète à la 5e, la 2e à la 6e, la 3e à la 7e, et la 4e à la huitième.

Il est à remarquer, que la période de la Polka se termine toujours par trois croches, ou leur valeur, et que la Valse termine toujours sur le temps fort.

EXEMPLE D'UNE PÉRIODE DE VALSE

DONT LE RHYTHME EST VIF, ENTRAINANT, ET CARRÉ.

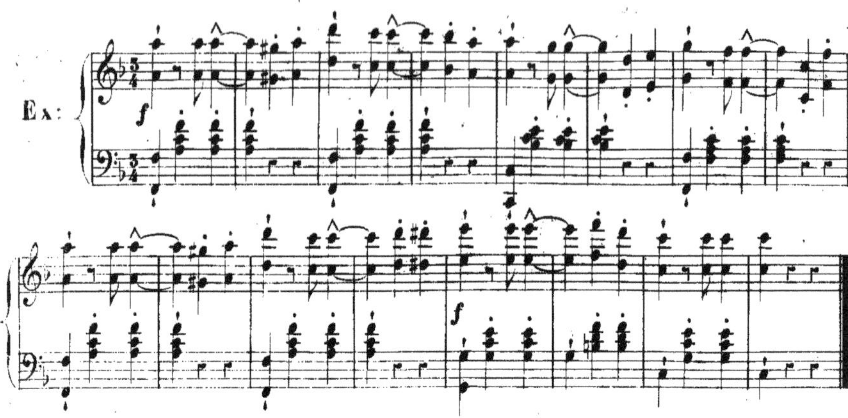

ANALYSE.

Il est à remarquer, que le dessin qui constitue cette première période de valse, reste toujours le même; ainsi qu'à la basse: c'est là, une bonne condition pour la rendre valsante, la sonorité en est puissante, la mélodie en est très mouvementée, en un mot, elle est valsante.

AUTRE EXEMPLE D'UNE PÉRIODE.

Où le dessin restant le même, il amène une mélodie que je crois heureuse et valsante.

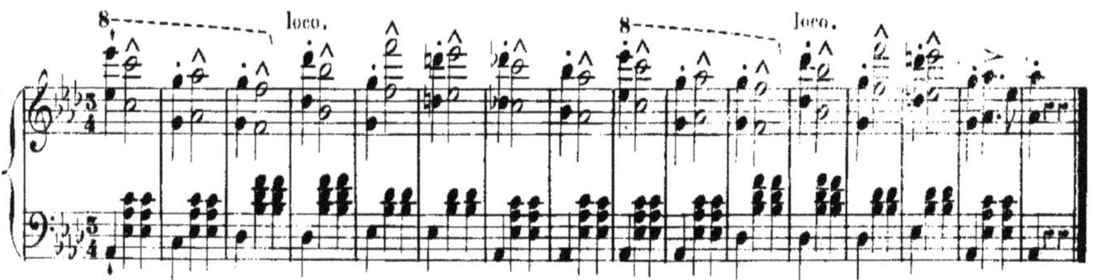

OPPOSITION DE SONORITÉ.

Un moyen puissant de produire de l'effet, consiste à amener souvent des oppositions en répétant, à une octave supérieure, une phrase déjà entendue; la sonorité ainsi doublée, donne à la valse plus d'animation, et la rend plus valsante.

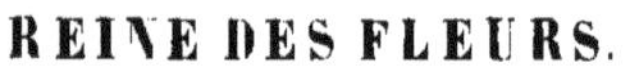

REINE DES FLEURS.

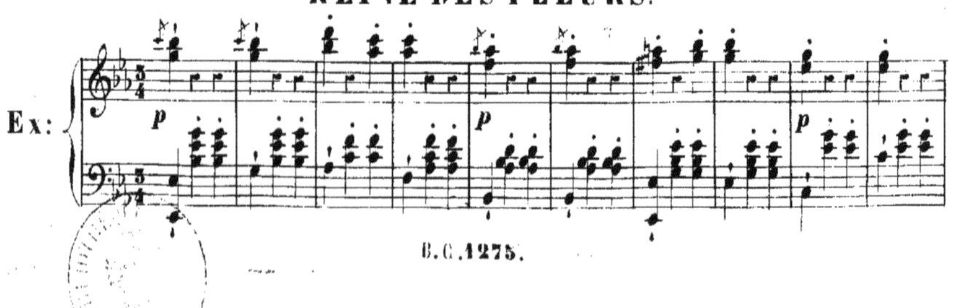

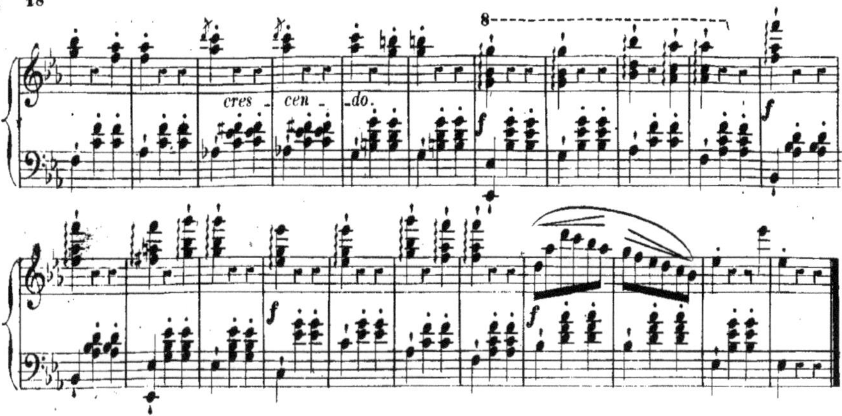

ANALYSE.

Dans cette période de ma valse **REINE DES FLEURS**, le dessin double sa sonorité à la 17e mesure; le rhythme reste le même, sans que l'entrain en soit modifié ce genre de période est très valsant.

Je vais étudier une à une, toutes les espèces de danse; bien déterminer leur caractère, au point de vue rhythmique et mélodique, et bien déterminer leur mouvement. Ces danses, sont: **1º LA VALSE, 2º LE QUADRILLE, 3º LA POLKA, 4º LA SCHOTISCH, 5º LA MAZURKA, 6º LA REDOWA, 7º LA SICILIENNE.**

DE LA VALSE.

La Valse est sans contredit, celle qui présente le plus de charme mélodique, et qui fournit le plus de ressources au compositeur. Pour bien caractériser la valse, il est nécessaire d'en bien distinguer les espèces.

J'admets trois espèces de Valse qui different entr'elles: 1º par leur caractére mélodique, 2º par leur mouvement, 3º par la nature du rhythme, 4º et par leurs proportions.

VALSE DE SALON.

La Valse de salon ou mélodique présente les proportions d'une fantaisie de piano, elle est destinée à charmer par la fraicheur du motif. La mélodie doit en être gracieuse, et surtout mouvementée; elle est destinée aussi à faire briller les doigts et le sentiment de l'exécutant. Cette Valse n'est point assujetie aux exigences de la danse, c'est-à-dire; à un rhythme toujours carré; elle comporte le caprice et la fantaisie du compositeur; la période y prend des allures plus libres; les rentrées sur le motif principal, tolèrent les rallentissements dans le mouvement et n'y sont point assujeties à une mesure également soutenue; en un mot, si le motif principal est bien trouvé, s'il est heureusement ramené, si la coda qui la termine est brillante, si l'harmonie en est distinguée, le succés ne lui fera pas défaut.

Ce genre de Valse renferme ordinairement trois motifs, rarement quatre; la grande difficulté consiste à bien les ramener et à mettre de l'unité dans son tout: je citerai dans ce genre de valse, celle de **WEBER** *L'invitation à la valse*; celle de **CHOPIN** en **MI**♭; celle de **SCHULOF** en **LA**♭; on ne valse pas avec ce genre de valse, on les écoute comme des compotions de salon.

DEUXIEME ESPÈCE DE VALSE.

La deuxième espèce de valse diffère de celle que je viens d'examiner, d'abord, par les proportions, par le mouvement et par le caractère qui en est mélancolique et rêveur; elle se compose ordinairement, de trois motifs ou périodes, ne renferme ni introduction ni coda; j'en donne trois exemples qui renferment les conditions que je viens d'énoncer: ce sont en un mot, des mélodies jetées dans le petit cadre de la valse, mais impropres à faire valser.

LE DESIR. BEETHOVEN.

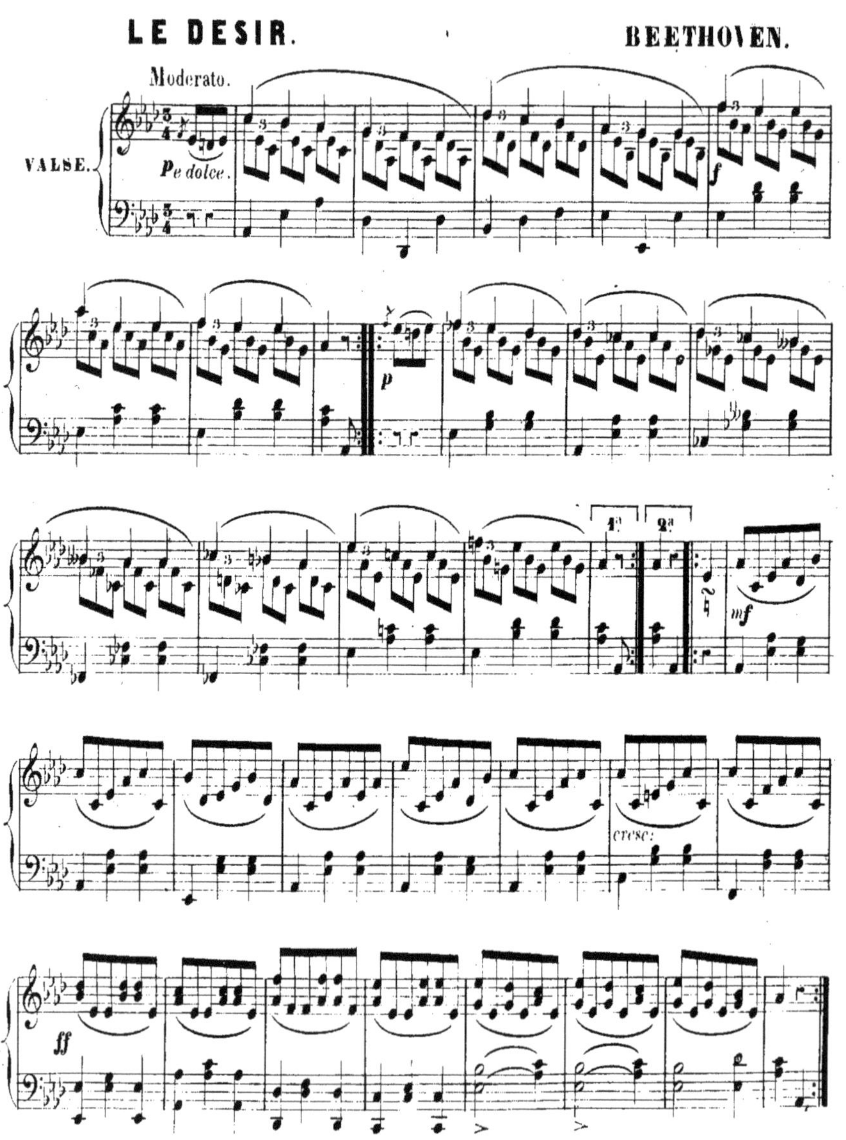

LA REINE DES ROSES

VALSE MÉLODIQUE.

G. MARCAILHOL.

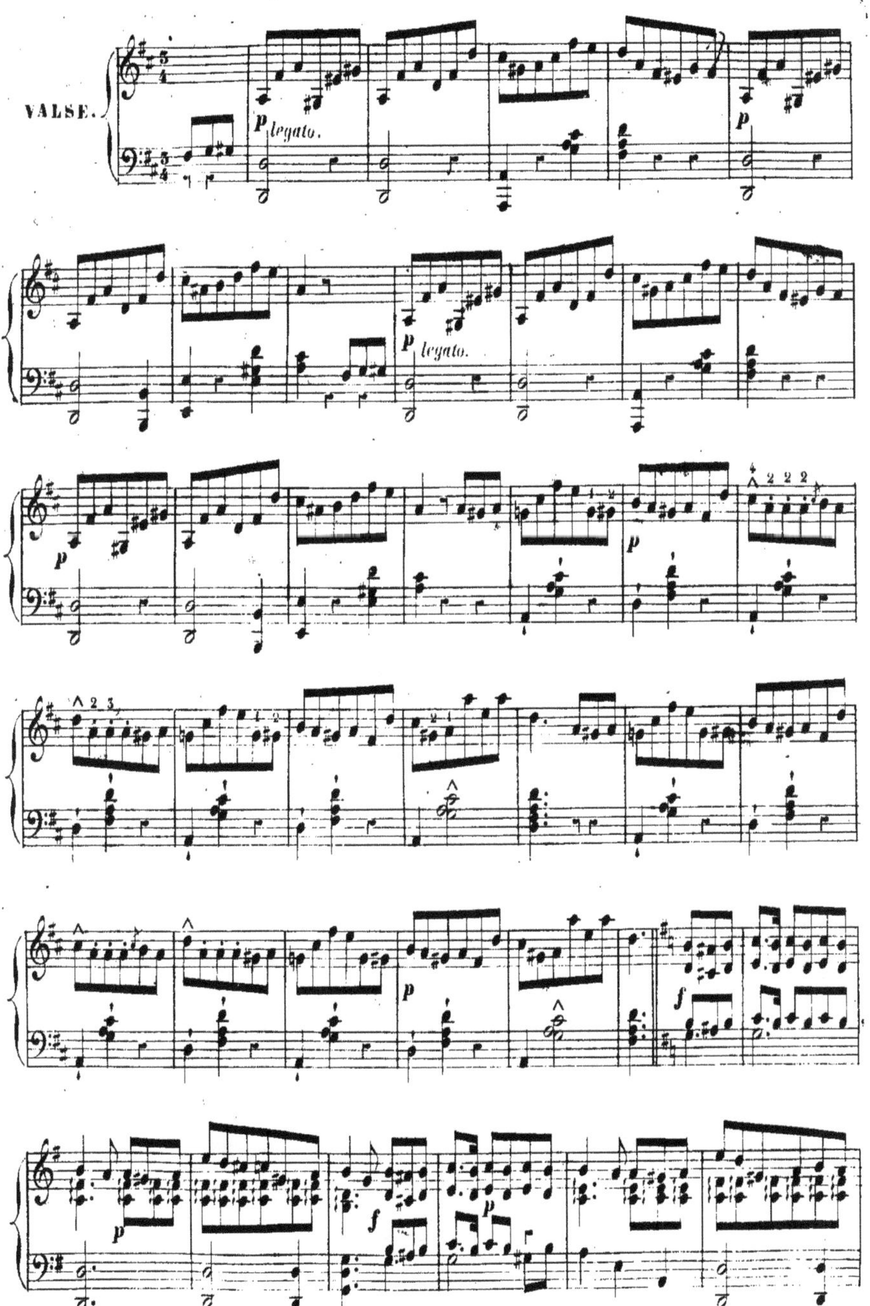

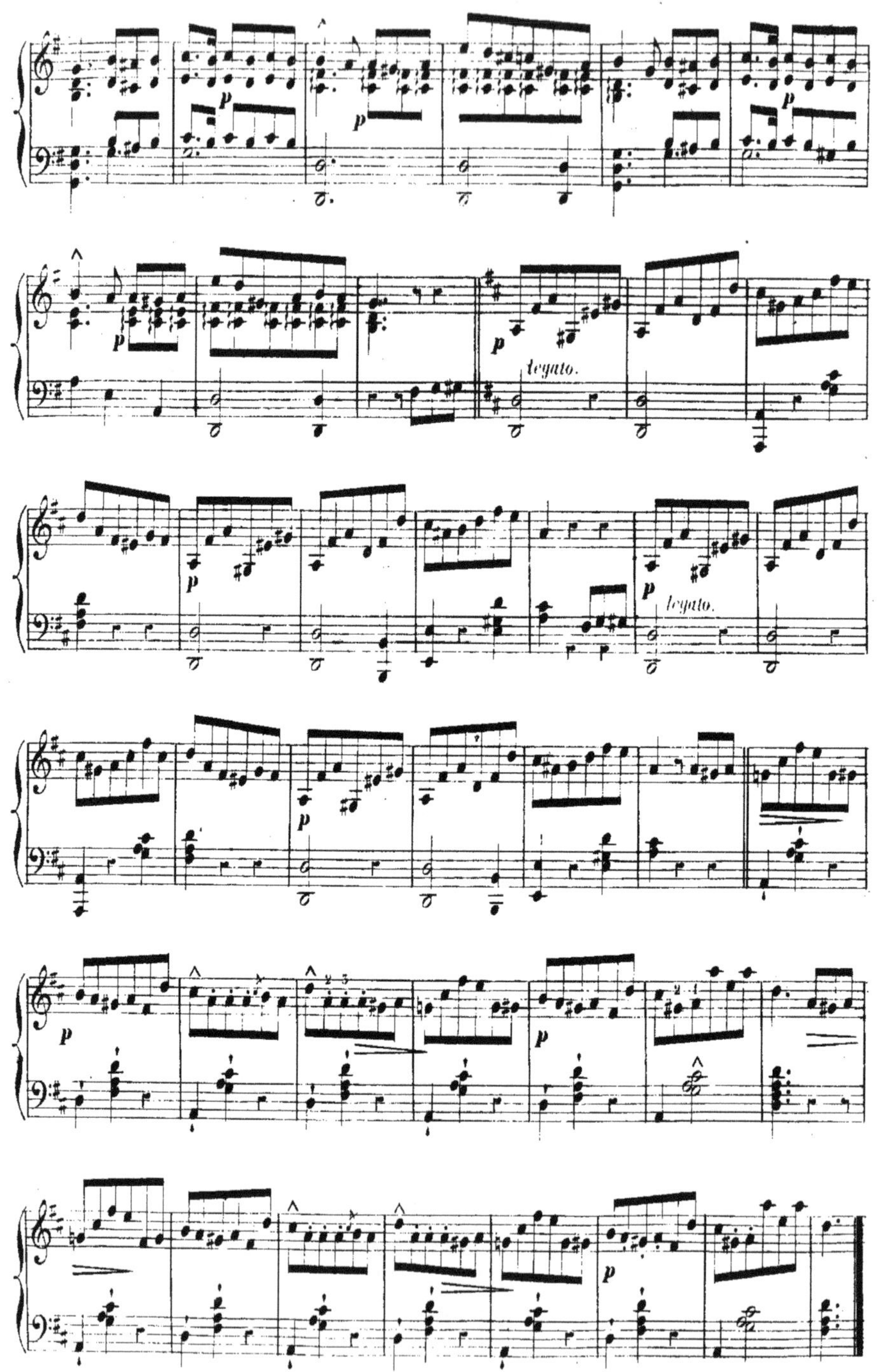
legato.
legato.

DERNIÈRE PENSÉE MUSICALE.

De WEBER.

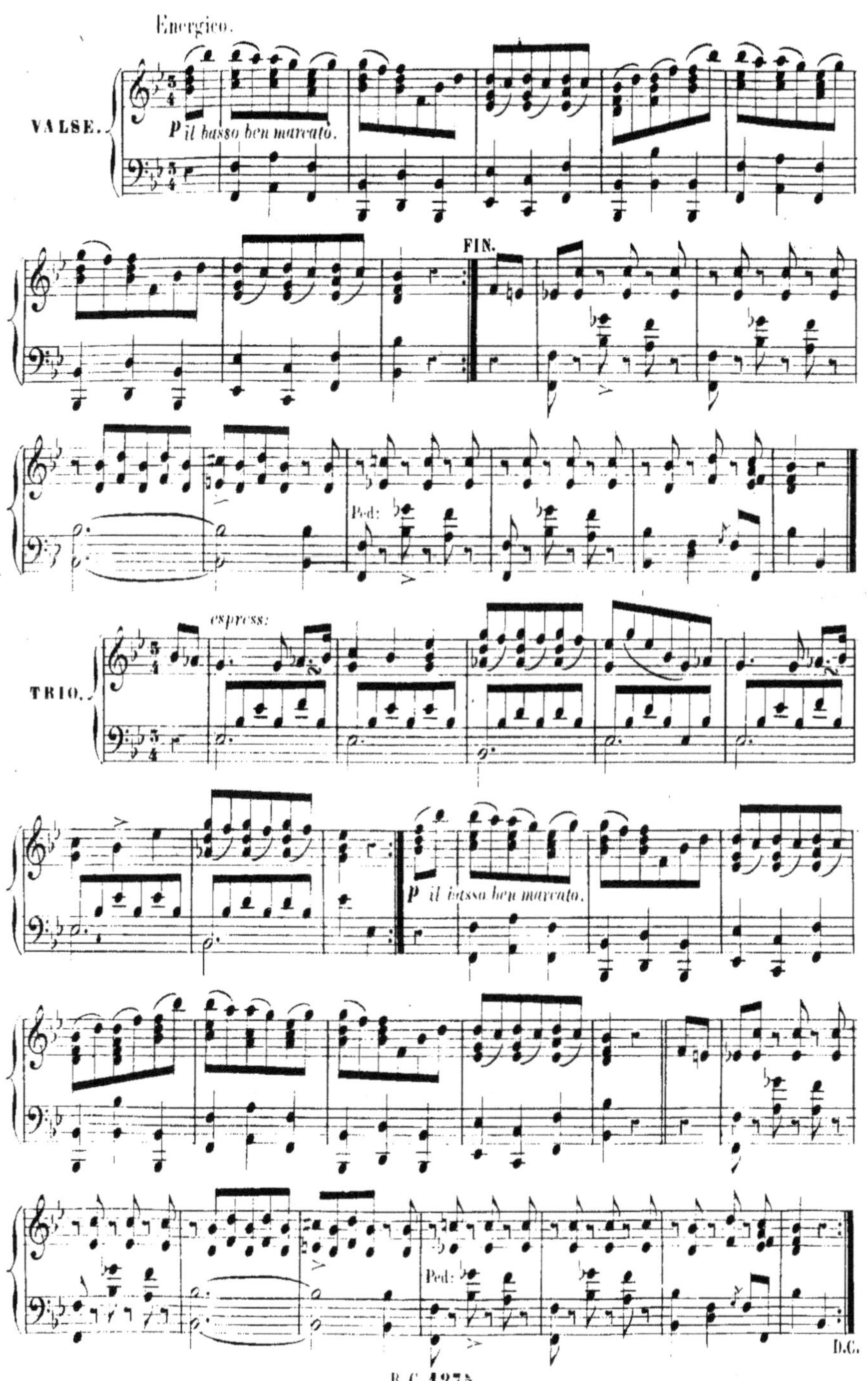

TROISIÈME ESPÈCE DE VALSE.

Je nommerai volontiers cette troisième espèce de Valse, la VALSE TOURNANTE: elle exige des qualités inhérentes à sa nature.

1°. Le rhythme doit en être vif, impétueux, entraînant, et surtout net et carré.

2°. Les périodes qui la composent doivent être bien dessinées, afin que l'exécutant et le valseur, les saisissent sans effort.

3°. On doit éviter les phrases banales, vulgaires, et donner à sa composition un peu d'originalité et ne pas se traîner dans les imitations des célèbres (STRAUSS de Vienne) de LANNER et LABITZKI. Ces trois compositeurs ont écrit des valses pour l'orchestre pleines d'inspiration et de fraicheur, Strauss, brille par l'originalité du rhythme; Lanner leur est supérieur, par une harmonie distinguée. Labitzki me semble le moins heureux des trois, mais ces valses transcrites pour le Piano, perdent de leur charme et de leur caractère; la raison en est fort simple, le rhythme sur les instruments à corde ou à vent, c'est-à-dire; à son continu, ne peut être le même que sur le piano qui est presque un instrument à percussion: les effets ne sont plus identiques, et celui qui au piano, s'inspire de l'orchestre, commet une grave erreur; il faut à cet instrument des mélodies et un rhythme approprié à sa nature, sans quoi, l'on s'expose à copier, et non à composer.

DIMENSION DE LA VALSE.

La Valse dont nous nous occupons, est plus ou moins longue suivant le caprice du compositeur; je ne conseille pas de lui donner les proportions de celles de STRAUSS de LANNER. La variété des timbres permet à l'orchestre de les faire longues, mais le Piano ne supporte pas les mêmes proportions; on tomberait dans la monotonie. Une grande qualité à donner aux diverses périodes de la Valse, est *l'unité*. Si les motifs ne s'enchaînent pas s'il n'existe entr'elles cette parenté mystérieuse qui leur donne tant de charme, la Valse ressemblera à un habit d'arlequin, à un tout composé de toutes pièces; ce sera une valse échantillon, il n'y aura pas là composition, mais agglomération; cet écueil, je ne saurais trop le signaler aux compositeurs amateurs; tout n'est pas fini, lorsqu'on a trouvé un motif heureux, il faut le developper, l'enchaîner, et le terminer.

DE LA CODA.

La Coda d'une valse est le rappel des diverses fractions mélodiques de la valse; il faut bien se garder de la faire trop longue; le piano ne comporte pas les développements de l'orchestre; un ou deux motifs suffisent, en y ajoutant quelques traits brillants dans le caractère de ce qui est déjà écrit; les souvenirs rhythmiques, servent mieux le compositeur, que les mélodies morcelées. S'inspirer de ce que l'on a déjà fait, avec des formes brillantes, vaut mieux que le procédé Allemand. j'ai observé cette règle dans la coda du *Torrent*: il est bien entendu, que la coda ne commence qu'après le retour du premier motif de la valse qui se compose tantôt de la première période, et souvent des deux.

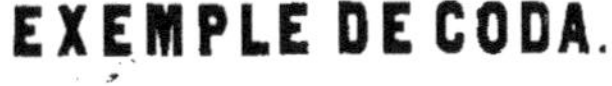

EXEMPLE DE CODA.

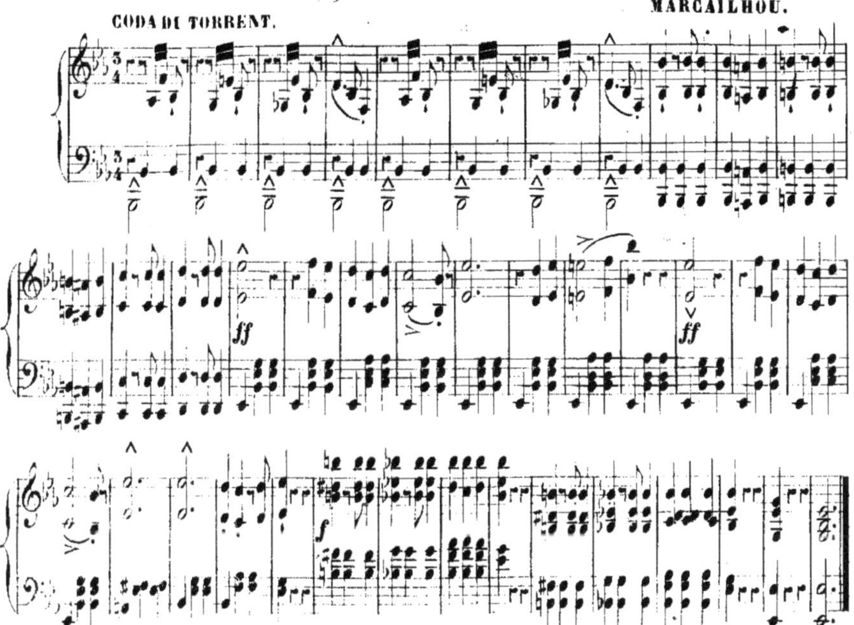

Cette Coda n'est pas trop longue et suffit pour bien terminer cette valse. Je citerai comme conçues dans les conditions que je viens d'énumérer, mes valses INDIANA, le TORRENT, CLARISSE HARLOWE, LA REINE DES FLEURS, JUANNA.

QUATRIEME ESPECE DE VALSE.

Il existe bien à la rigueur, une quatrième espèce de valse; mais elle rentre dans la deuxième espèce par les proportions, c'est la valse à trois périodes, sans coda et sans introduction; c'est celle qui est le plus à la portée du jeune compositeur, en voici un exemple:

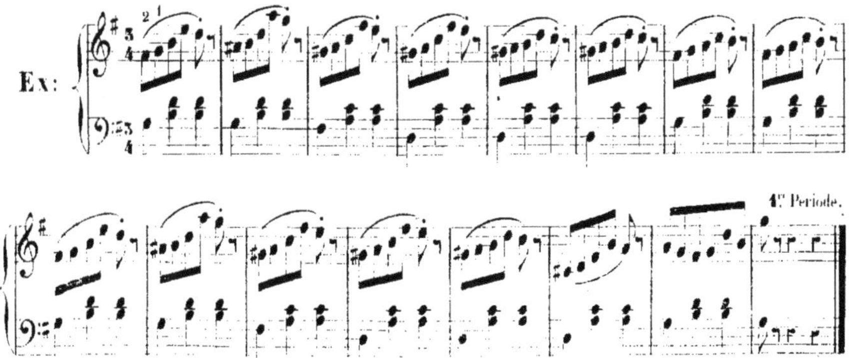

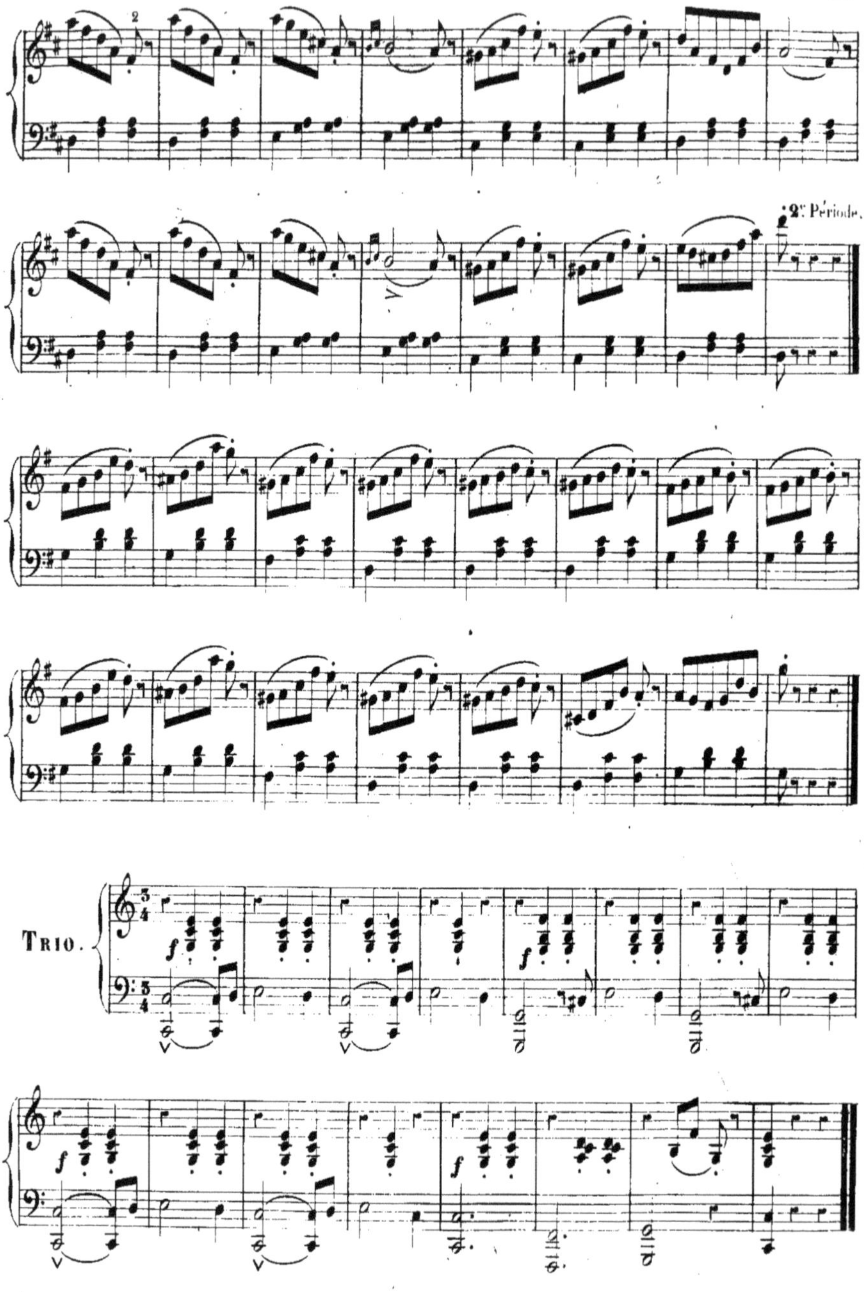

2e Période.

TRIO.

Comme on le voit, cette valse se compose de trois périodes, la troisième porte le nom de **TRIO**.

Quelquefois, on n'emploie que deux périodes, on supprime le Trio; c'est ainsi que sont composées les valses de GIZELLE, et de ROBIN des BOIS.

LE QUADRILLE.

Le Quadrille est un composé de cinq figures qui sont: 1° le Pantalon, 2° l'Été, 3° la Poule, 4° la Trénis ou la Pastourelle, 5° le Final; toutes ces figures ont un caractère individuel, que le compositeur doit bien saisir.

Le PANTALON, doit être vif, impétueux, entraînant; voici un exemple où ses qualités se trouvent réunies; le Pantalon se compose d'une première période de huit, d'une deuxième période de huit, du retour de cette première période et d'une troisième période; en tout trente deux mesures.

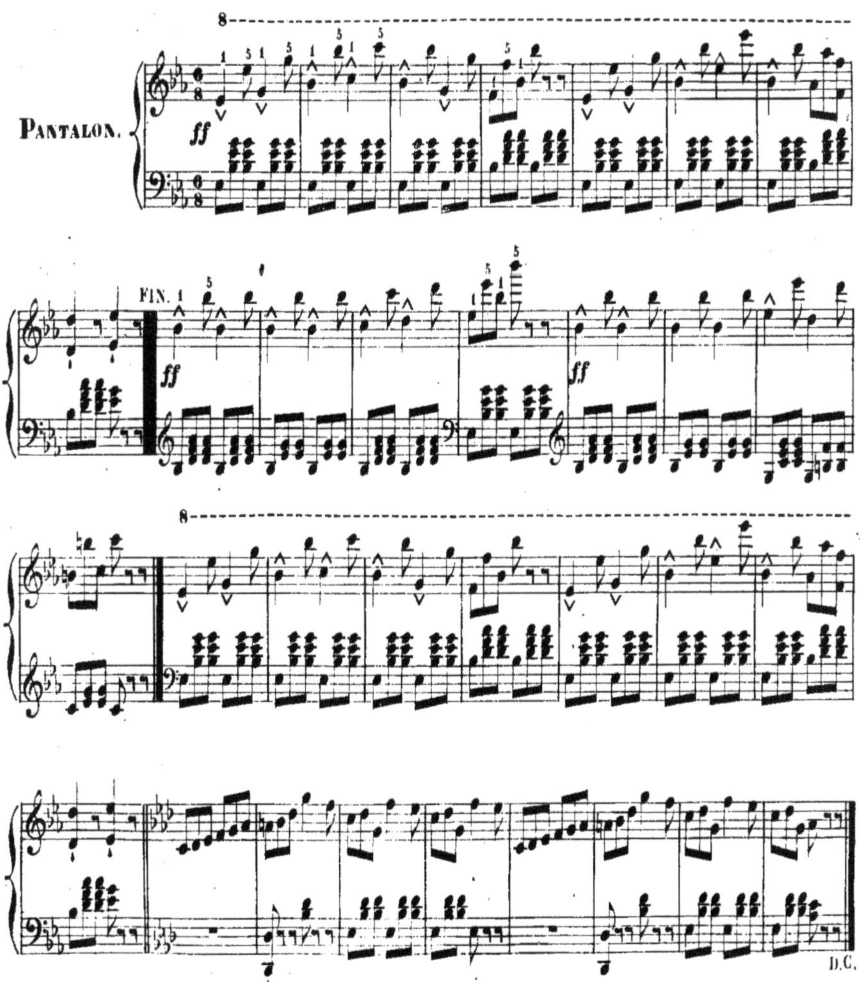

Comme on le voit, le Pantalon est composé de trois périodes de huit mesures chaque; la première seule se répète, après la seconde; en tout 32 mesures. La période doit terminer sur le temps faible.

L'ÉTÉ, demande un mouvement plus calme; il se compose d'une première période de huit mesures, et d'une seconde de seize.

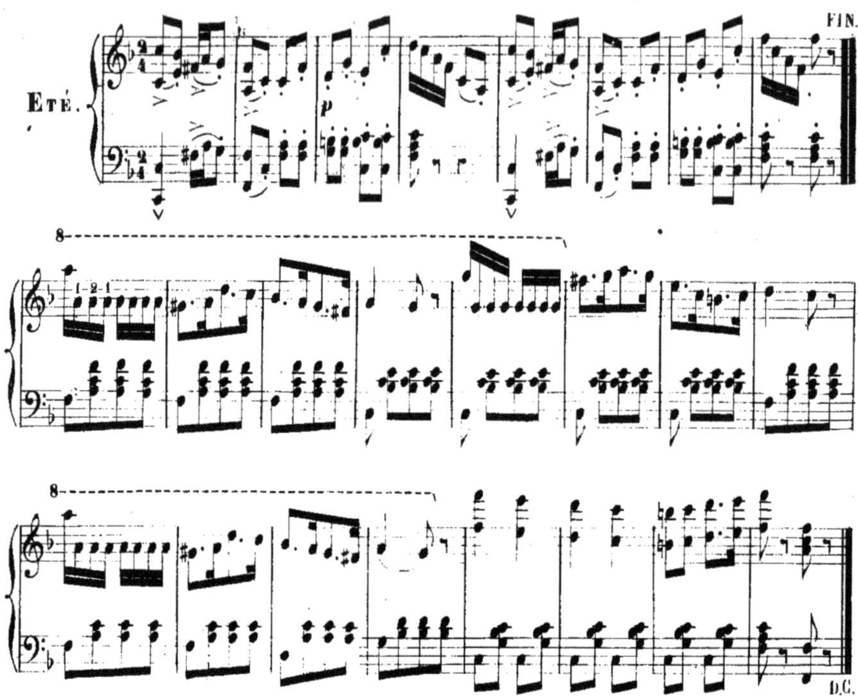

La POULE, est la plus lente de toutes, elle s'écrit à 6/8; elle doit avoir un caractère plus berceur, elle se compose de trois périodes de huit mesures chaque, la première seule se répète, après la seconde; le premier motif doit être le plus gracieux.

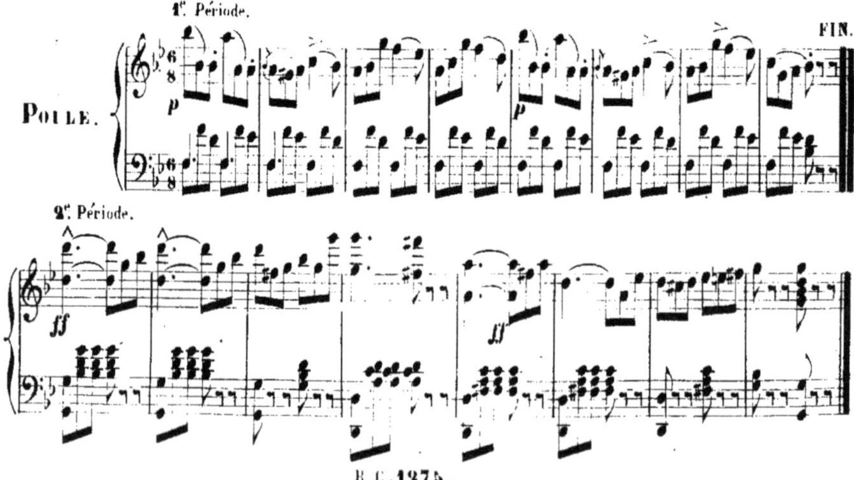

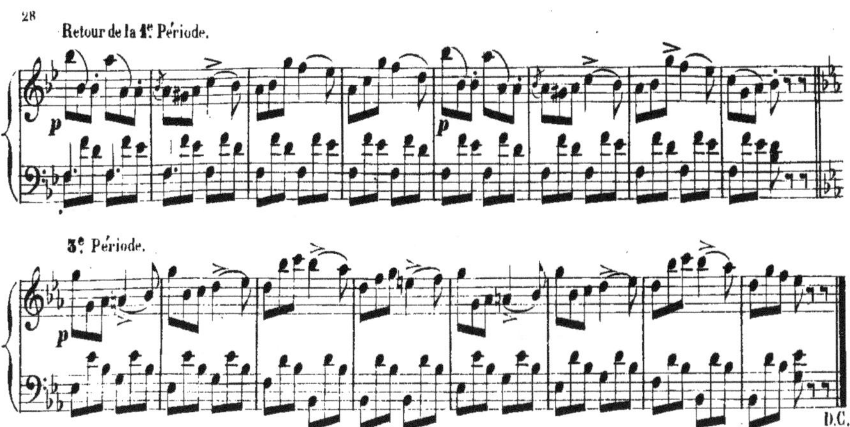

La **Pastourelle**, doit être plus mouvementée que la Poule, sans avoir cependant, la vivacité du Pantalon; la Pastourelle se compose de trois périodes, la première de huit, la seconde de 24, avec le retour des huit mesures de la deuxième période.

1re Période de 8.

PASTOURELLE.

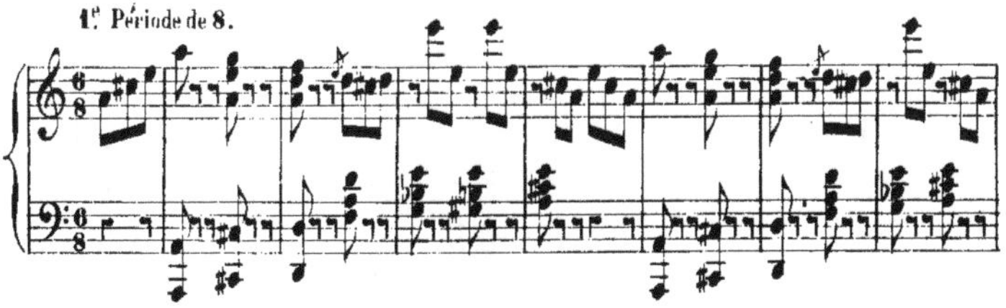

2e Période, de 16.

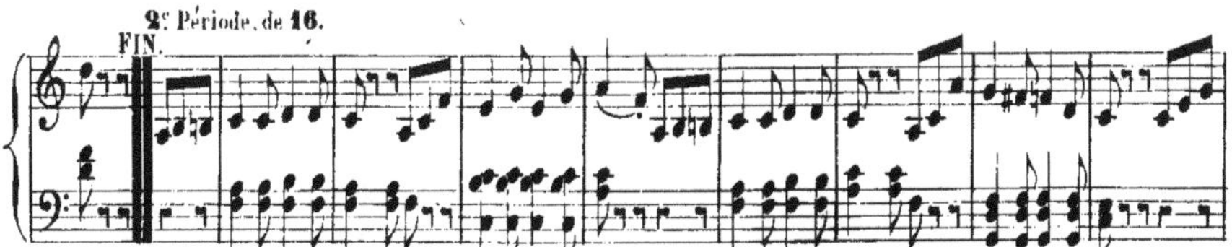

FIN.

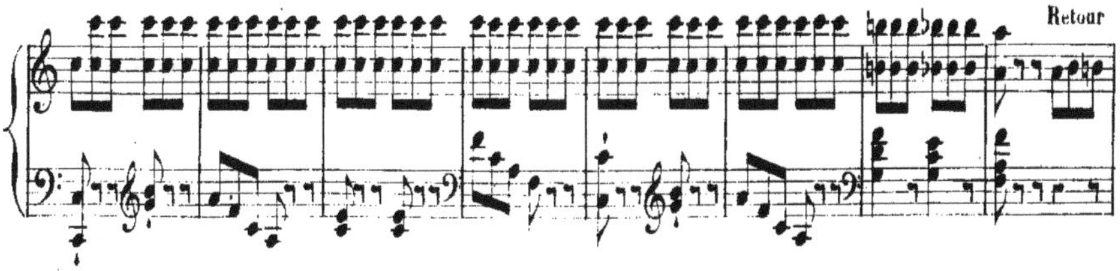

Retour de la 2e Période.

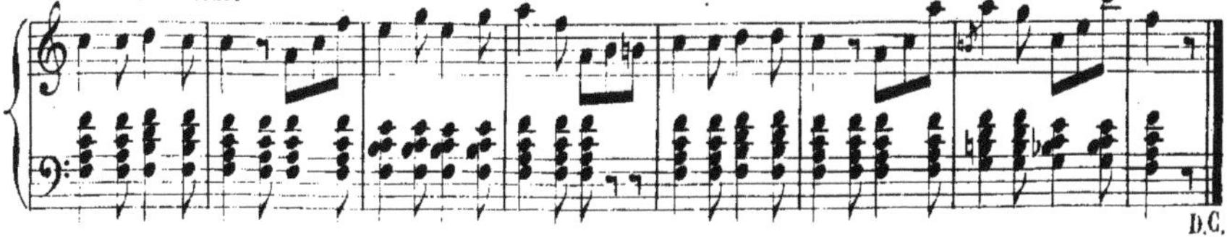

D.C.

Le FINAL, doit avoir beaucoup d'entrain, il se compose de deux périodes de seize mesures chaque; il est à remarquer, que dans la première période, les huit premières mesures sont répétées avec plus de puissance et une basse bien rhythmée.

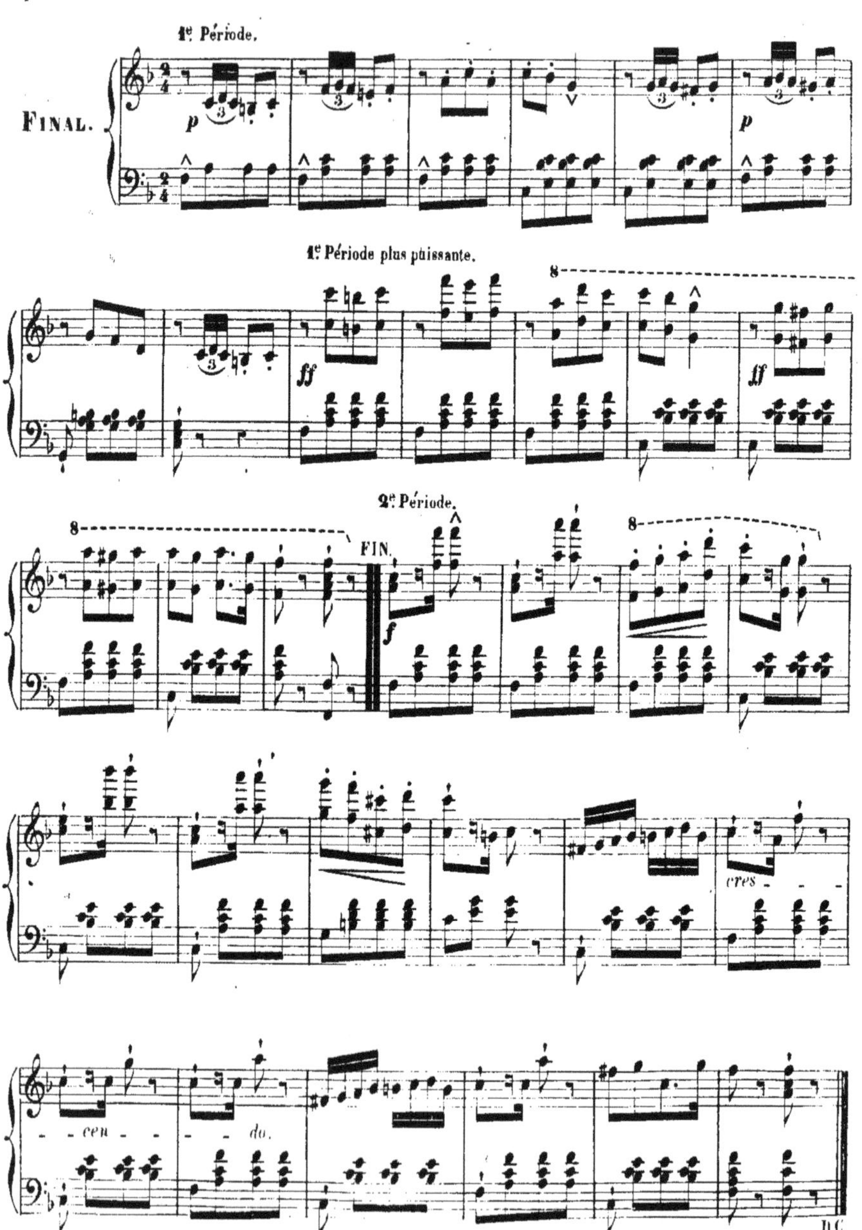

LA POLKA.

Lorsqu'on veut écrire une Polka, il faut donner toute son attention au caractère de cette danse Polonaise. la musique doit en être simple, sans platitude, et brillante sans être trop difficile.

Beaucoup de jeunes compositeurs suivant la pente de leur savoir, ou de leur amour propre, écrivent des traits trop difficiles, soit à la main droite, soit à la main gauche; il en résulte des mécomptes pour l'Editeur, le style doit être sans prétention, on ne doit pas oublier que lorsque l'on écrit pour un certain puplic, il faut prendre la mesure de son goût et de sa force.

La Polka s'écrit à 2/4 et se compose de trois périodes de huit ou seize mesures chaque; une coda, de huit ou seize mesures suffit. Le premier motif doit être rappellé après la deuxième période, cette règle n'est pas absolue.

Le rhythme de la Polka est toujours marqué à la main gauche, il est celui-ci: Ex: la basse devra donc bien l'indiquer, voici d'autres exemples où ce rhythme est bien marqué à la basse.

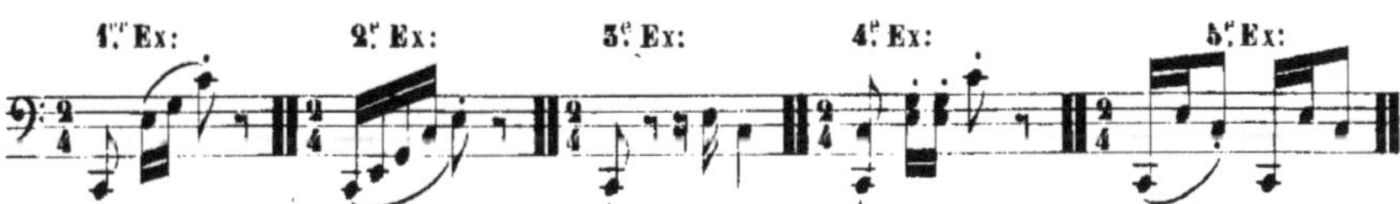

Dans toutes ces basses, le temps fort et le temps faible de la mesure sont bien accentués; ce qui les rend polkantes.

EXEMPLE D'UNE POLKA

A TROIS PÉRIODES.

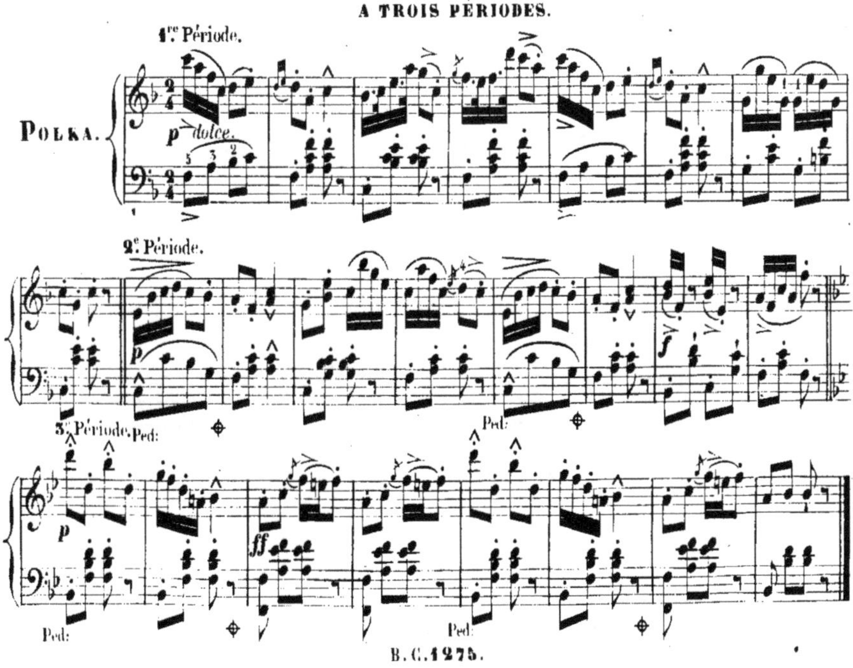

LA MAZURKA.

L'on doit donner les proportions de trois périodes à la Mazurka, huit ou seize mesures terminatives seront un complément assez long pour cette petite composition; le caractère distinctif de la Mazurka consiste en ce qu'elle termine sa période par l'accentuation du deuxième temps de la mesure à 3/4, cela arrive souvent aussi dans le courant de la période, ce fait rhythmique est la conséquence de la nature du pas chorégraphique.

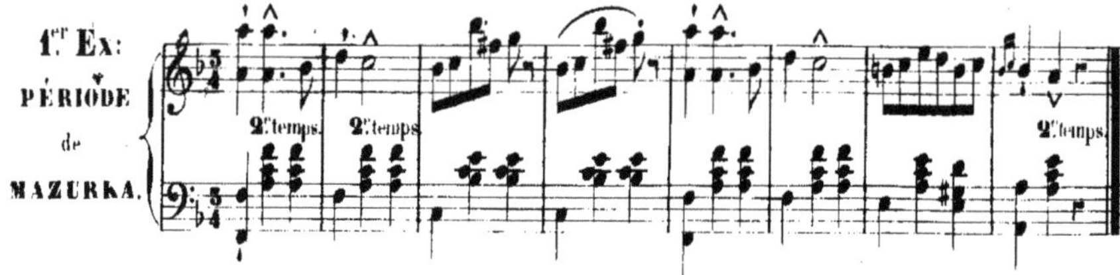

Le rhythme doit en être simple, net et approprié au sujet; voici quelques exemples de divers dessins qui conviennent à la Mazurka.

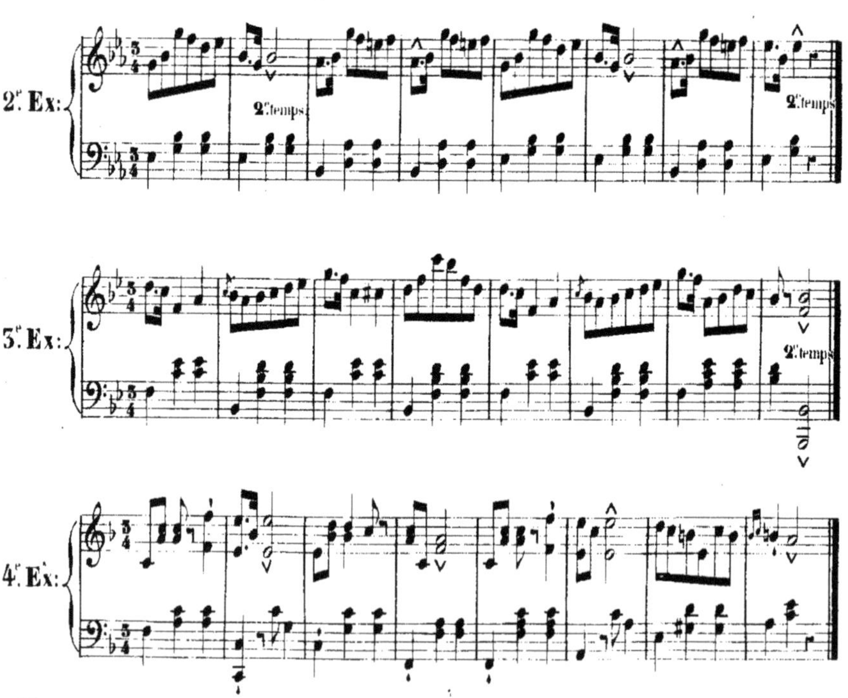

L'on trouve dans ce quatrième exemple une basse plus riche à la deuxième et sixième mesure, le rhythme en est bon, parcequ'il ne détruit pas l'accent du deuxième temps, il lui donne au contraire, plus de mordant.

Je donne maintenant un exemple d'une Mazurka entière à trois périodes, avec quatre mesures terminatives.

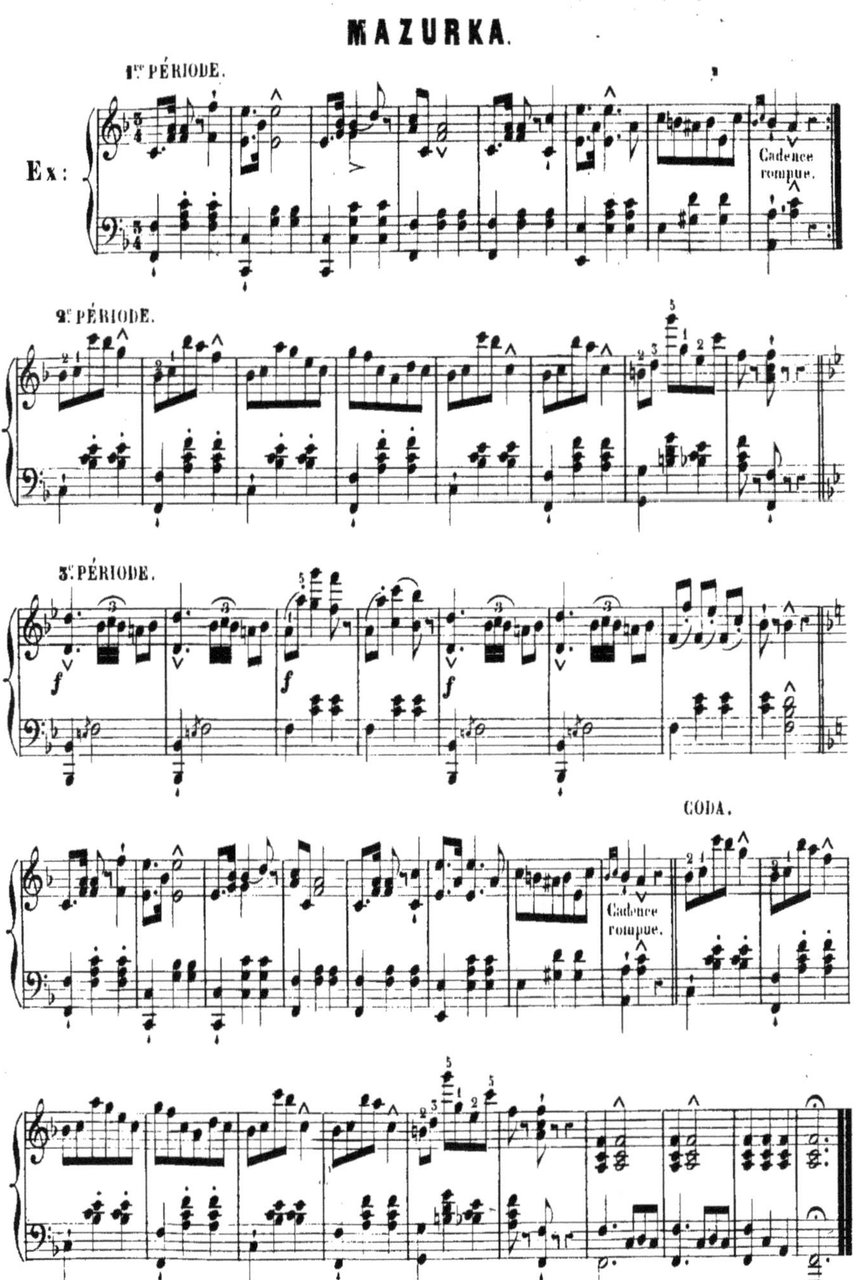

RÉDOWA.

La Rédowa a beaucoup d'analogie avec la Mazurka, elle en a les mêmes proportions, c'est-à-dire, qu'il ne faut pas lui donner plus de 3 périodes, 8 ou 16 mesures terminatives suffiront comme complément.

Le caractère de la Rédowa est moins vif que celui de la Mazurka, la musique en est plus trainante, elle doit être composée en vue de l'accentuation du troisième temps de la mesure, aussi le dessin mélodique devra-t'il observer cette règle, le danseur s'en trouvera plus entrainé. Dans la Mazurka, c'est sur le deuxième temps que doit porter souvent la mélodie, dans la Rédowa, c'est sur le troisième; avis au compositeur.

Voici une Rédowa où cette règle est observée.

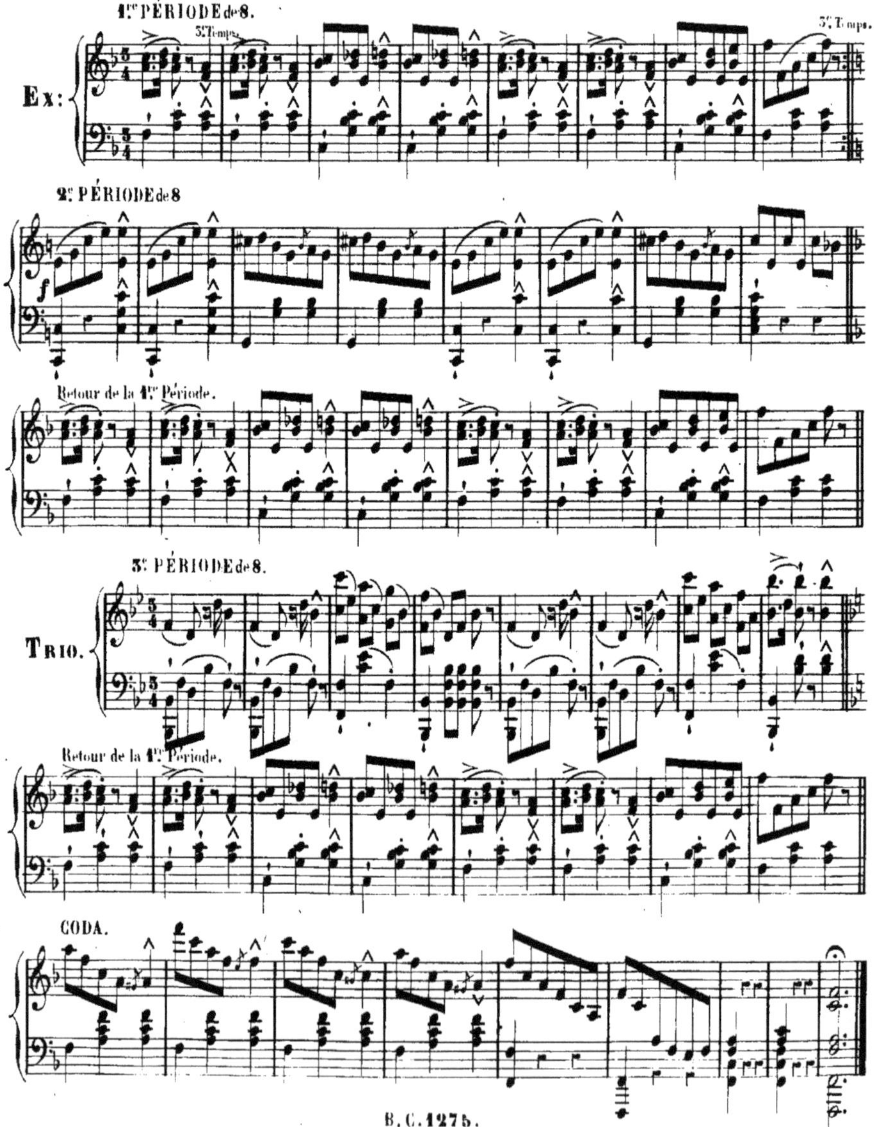

SCHOTISCH.

La Schotisch a beaucoup d'analogie avec la Polka, son mouvement est cependant plus lent, on écrit la Schotisch à 2/4 ou à quatre temps.

Lorsqu'on écrit cette danse à 2/4, il faut tenir compte de la nature du pas chorégraphique; car il change alors à chaque deux mesures, le danseur exécute seize temps, un temps par croche, huit en glissant et huit en sautant. Le dessin mélodique devra aussi autant que possible suivre cette règle, la Schotisch en sera plus dansante.

SCHOTISCH NATIONALE.

Ex:

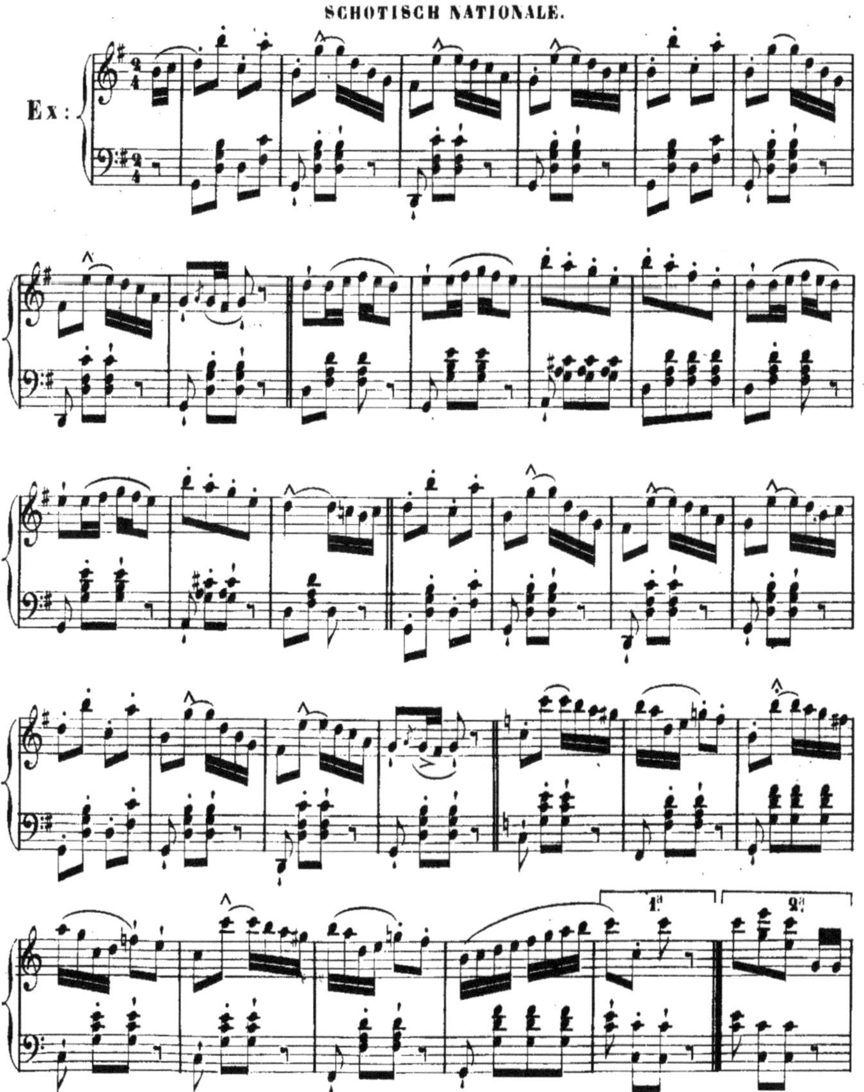

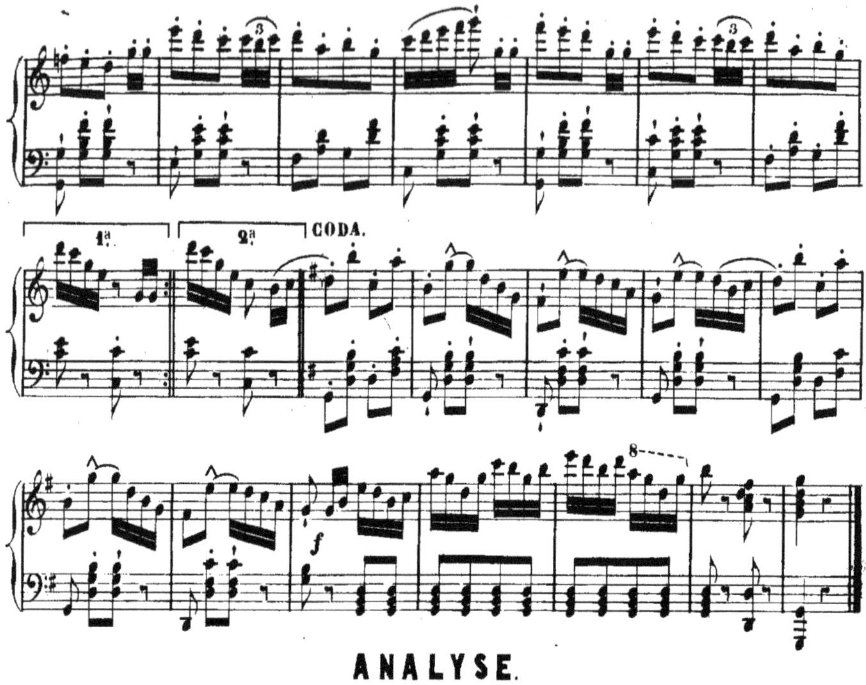

ANALYSE.

En analysant cette Schotisch, l'on trouve souvent le même dessin pour deux mesures, condition essentielle pour la rendre dansante, en voilà assez pour bien diriger l'amateur dans ce genre de composition. Ajoutons cependant encore un exemple.

SCHOTISCH.

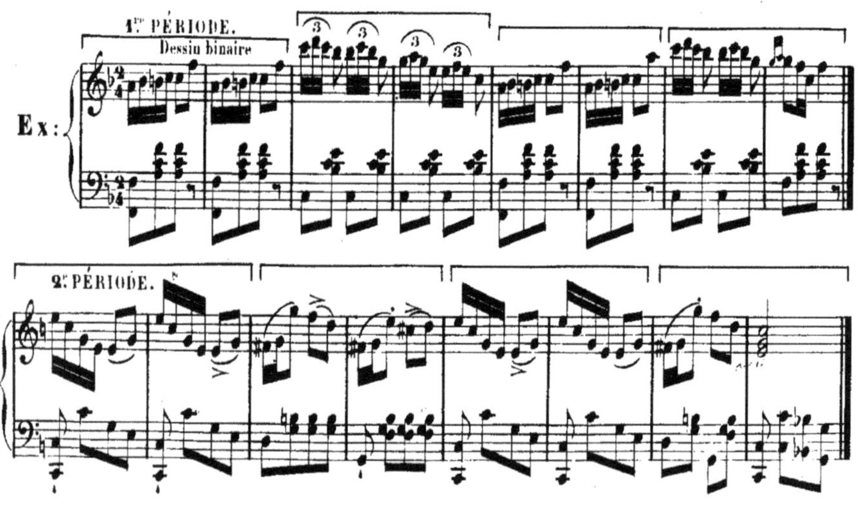

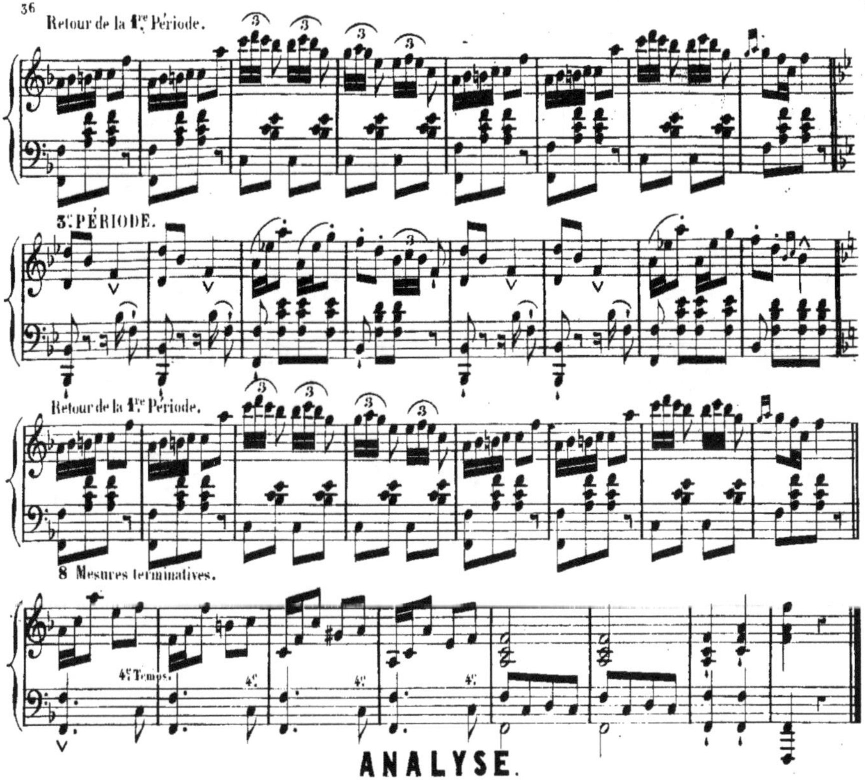

ANALYSE.

On ne peut se convaincre facilement, en analysant cette deuxième Schotisch, que le dessin mélodique est souvent binaire, c'est-à-dire, marchant de deux en deux mesures, condition favorable à ce genre de danse, que de plus le 4e temps, n'y est jamais à vide pour que le danseur ne reste pas en l'air.

Cette symètrie parfaite dans le dessin n'est pas absolue, c'est là seulement une bonne qualité pour rendre la Schotisch dansante, l'essentiel est, que la mélodie amène naturellement, c'est-à-dire, sans être tourmentée l'accentuation du 4e temps de la mesure.

SICILIENNE.

La Sicilienne s'écrit a 6/8 et s'exécute dans un mouvement Allegro. – Le dessin mélodique doit être binaire, c'est a dire semblable, de 2 en 2 mesures; voici un exemple de ce dessin binaire.

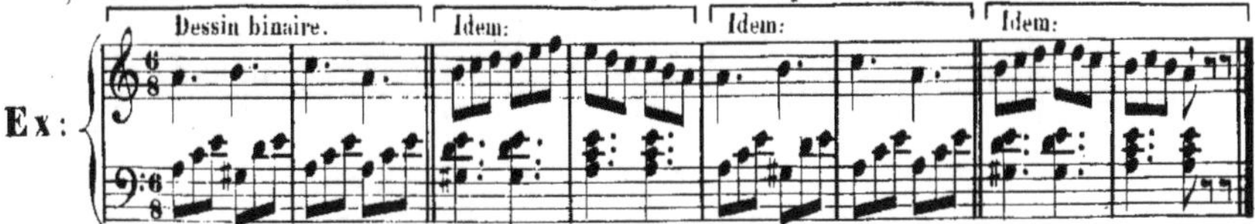

Cette règle n'a rien d'absolue; je signale ce fait rhythmique pour bien faire sentir le caractère de la Sicilienne. La Sicilenne, doit avoir des proportions ordinaires de ses sœurs, la Polka, la Mazurka, c'est-à-dire, trois périodes, et huit ou seize mesures terminatives après le rappel du premier motif quelques fois des deux premiers.

SICILIENNE.

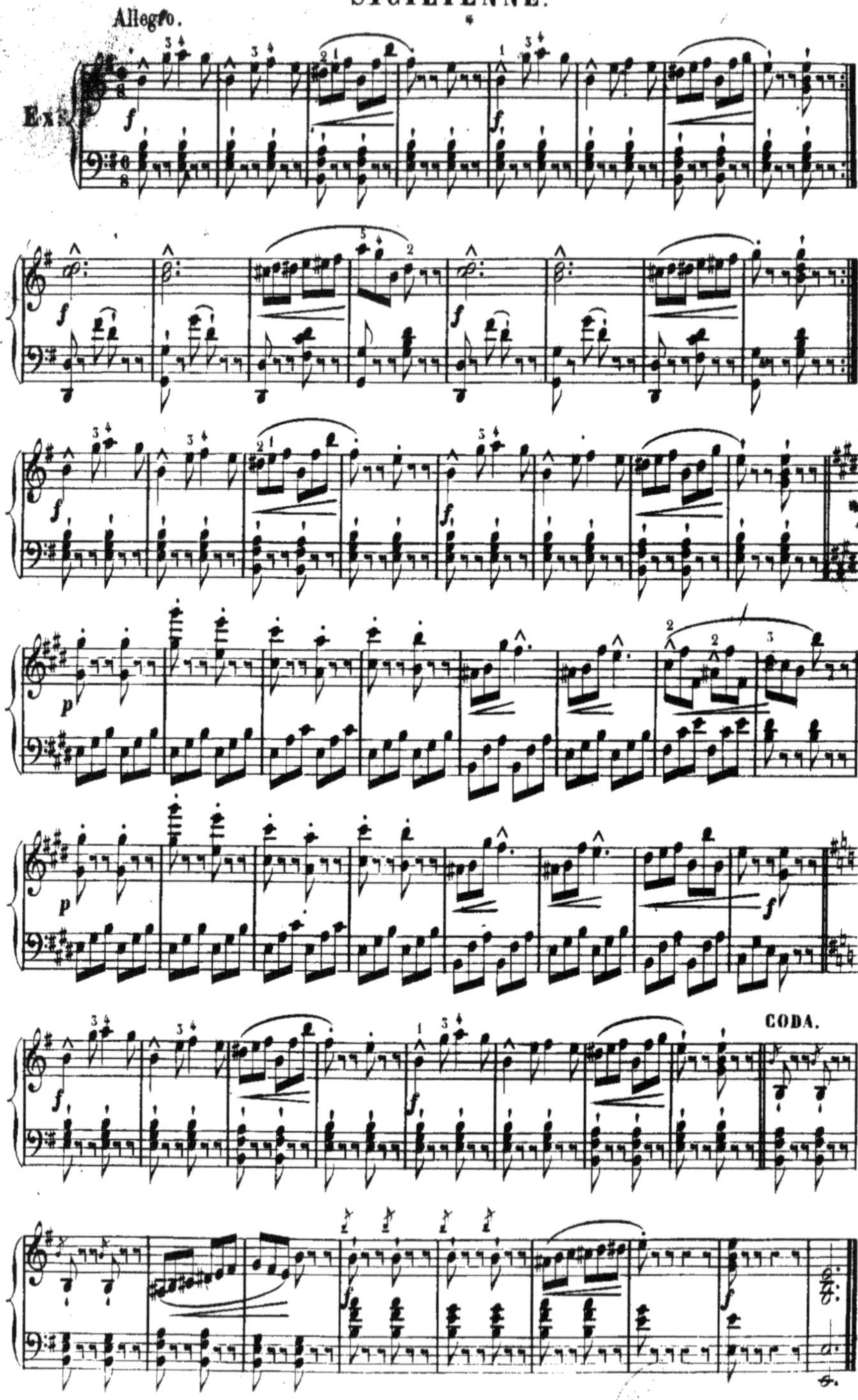

www.ingramcontent.com/pod-product-compliance
Ingram Content Group UK Ltd.
Pitfield, Milton Keynes, MK11 3LW, UK
UKHW022152170726
13837UKWH00004B/1934

9 782329 326290